Plutarchs Schrift non posse suaviter
vivi secundum Epicurum

Studien zur antiken Philosophie

herausgegeben von

HELLMUT FLASHAR   HERMANN GUNDERT

WOLFGANG KULLMANN

Band 4

Hella Adam

Plutarchs Schrift non posse suaviter
vivi secundum Epicurum

Verlag B. R. Grüner B.V. – Amsterdam – 1974

Plutarchs Schrift non posse suaviter vivi secundum Epicurum

von

Hella Adam

Verlag B. R. Grüner B.V. – Amsterdam – 1974

Library of Congress Catalog
Card Number
72-96778

ISBN 90 6032 015 8

© 1973 by B. R. Grüner B.V., Amsterdam, The Netherlands
Printed: Wolters-Noordhoff Grafische Bedrijven B.V., Groningen

Inhalt

     Einleitung . . . . S. 1

I   Der dialogische Rahmen . . . . S. 5

II Die Widerlegung der epikureischen Lustlehre (Kap. 3–8) . . S. 20

III Die Freuden aus dem Erkennen und dem Handeln (Kap. 9–19) . S. 40

IV Die Freuden aus dem Götterglauben (Kap. 20–24) . . . S. 48

V   Die Freuden aus der Jenseitshoffnung (Kap. 25–30) . . . S. 67

VI Zusammenfassung (Kap. 31) . . . . S. 81

     Literatur . . . . S. 83

     Register . . . . S. 86

Einleitung

1. Ziel der Arbeit

Plutarchs non posse suaviter vivi secundum Epicurum – im folgenden kurz non posse genannt – wird zwar von vielen Forschern als beachtenswerte Schrift gerühmt[1], ist aber als Ganzes bisher noch nicht Gegenstand einer eingehenden Untersuchung geworden. Doch finden sich Beiträge zum Verständnis von non posse in verschiedenen Werken über bestimmte Aspekte der Moralia, in Monographien zu einzelnen Werken Plutarchs und vereinzelt auch in der Literatur über Epikur. Diese Beiträge sollen zusammengetragen, kritisch geprüft und mit eigenen Beobachtungen zu einer Gesamtinterpretation von non posse verbunden werden.

Zuerst sollen der dialogische Rahmen und seine Funktion untersucht werden. Daraus ergeben sich die ersten Anhaltspunkte für die in den weiteren Kapiteln folgende Interpretation des Gedankengangs von non posse. Die Interpretation geht so vor, daß das Hauptgewicht auf Plutarchs philosophischer Argumentationsweise gegen die Epikureer liegt. Wo diese klar zu erkennen ist wie vor allem im Mittelteil von non posse, in dem zahlreiche historische Beispiele zu ihrer Demonstration angeführt werden, kann sich die vorliegende Darstellung auf einige Hinweise beschränken. Wenn der Gedankengang dagegen durch Textverderbnis und inhaltliche Schwierigkeiten unklar erscheint oder die Auseinandersetzung mit Ergebnissen der Forschung notwendig ist, werden die Textstellen ausführlich behandelt.

---

1. *Hartman* S. 616: „Hic enim splendet nitetque tota Plutarchi sapientia, pietas, ars." – *Bignone*, Studi S. 257: „Uno dei più importanti tra gli scritti di Plutarco." – *W. K. Christ/W. Schmid*, Geschichte der griechischen Litteratur, Bd II, 1 München 1920, S. 497: non posse „gibt in seinen Angriffen das beste Bild von Plutarchos' positivem sittlichen Ideal." – *Ziegler* Sp. 129: „... die Kapitel, in denen er das Hochgefühl des geistig Schaffenden und die tiefste Beglückung des Gläubigen preist, gehören zum Schönsten, was er geschrieben hat, und verdienen es, den edelsten Erzeugnissen dieser Art zur Seite gestellt zu werden."

2. Plutarchs Stellung zum Epikureismus

Nach dem Lamprias-Katalog hat Plutarch außer den drei erhaltenen noch sechs weitere antiepikureische Schriften geschrieben[2]. Zwar ist der Lamprias-Katalog in seinen Angaben nicht immer zuverlässig[3], aber auf jeden Fall steht fest, daß Plutarch mehr polemische Werke gegen Epikur geschrieben hat, als uns heute erhalten sind.

Doch greift Plutarch Epikur nicht nur in den polemischen Schriften an. Die ablehnende Haltung gegen alles, was Epikur und seine Anhänger lehren, zieht sich auch durch die übrigen Moralia[4]. Epikurs Meinung wird zu verschiedenen, vor allem naturwissenschaftlichen und ethischen Fragen öfter angeführt und meistens widerlegt[5]. In den seltenen Fällen, in denen sie positiv aufgenommen wird, handelt es sich immer um ganz allgemeine, nicht auf die epikureische Lehre zugespitzte Aussagen, die offenbar in die popularphilosophische Tradition eingegangen waren[6]. Wenn Plutarch in der Polemik gegen die Stoiker stoische Vorwürfe gegen die Epikureer zurückweist[7], will er nicht die Epikureer in Schutz nehmen[8], sondern die Stoiker polemisch angreifen, indem er ihnen vorhält, daß sie nicht besser oder noch schlechter argumentieren als die von

---

2. Nr. 80, 129, 133, 143, 148, 159, vgl. *Ziegler* Sp. 68.
3. *Ziegler* Sp. 65.
4. *Hartman*s These, daß Plutarch zwar die epikureische Lehre ganz ablehnt, in der Polemik gegen die Epikureer aber nie so scharf wird wie in der gegen die Stoiker, da er die Epikureer im Unterschied zu den Stoikern persönlich schätzte (S. 619 f; 683 f), ist, was den Ton der Polemik betrifft, schon allein deswegen nicht zu halten, weil uns die den überlieferten antistoischen entsprechenden antiepikureischen Schriften nicht erhalten sind (Nr. 129: Περὶ Ἐπικουρείων ἐναντιωμάτων, Nr. 80: ὅτι παραδοξότερα οἱ Ἐπικούρειοι τῶν ποιητῶν λέγουσι). Stellen wie quaest. conv. V, 1, 673 c; II, 3, 635 e zeigen, daß Plutarch mit Epikureern verkehrte und sie in gewissem Maß als Personen schätzte (vgl. auch de frat. am. 16, 487 d die lobende Erwähnung der Bruderliebe unter den Brüdern Epikurs), seine Beziehungen zu Stoikern gingen aber weit darüber hinaus bis zu wirklichen Freundschaften (s. *Babut*, Stoicisme, S. 268 f).
5. Quaest. conv. III, 5, 652 a; V, 672 d-f; VIII, 3, 720-721 d. Weitere Stellen s. im Index bei *Usener*.
6. Coni. praec. 28, 142 a; cons. ad uxor. 5, 609 d-9, 611 a, dazu *W. Schmid*, RAC V Sp. 769; de cup. div. 2, 523 f; de tranqu. an. 16, 474 c; 18, 476 c; max. c. princ. etc. 3,778 c. So kann es auch geschehen, daß Plutarch de aud. poet. 14, 36 b. 37 a aus seiner Quelle solche allgemeinen Aussagen positiv aufnimmt, die er non posse 3, 1087 f-1088 a; 29, 1106 e in ihrem Zusammenhang mit der epikureischen Lehre widerlegt. Epikureisches Gedankengut findet sich außerdem in brut. an. rat. uti, wo man aber wegen des parodisch-rhetorischen Charakters des Werkes nicht ohne weiteres nach der philosophischen Meinung des Verfassers fragen kann, s. *Ziegler* Sp. 104 f. Auch von der Stoa übernimmt Plutarch nur solche allgemeinen, in die ganze Philosophie seiner Epoche eingegangenen Vorstellungen, allerdings in viel größerem Umfang, s. *Babut*, Stoicisme, S. 18 f.
7. De comm. not. 32, 1075 e; 43, 1082 e; de Stoic. rep. 34, 1050 b. c.
8. Wie *Geigenmüller* S. 267 meint.

ihnen – und von ihm auch – getadelten Epikureer[9]. Auch in den Bioi wird über Epikurs Lehre und ihre Anhänger so berichtet, daß Plutarchs ablehnende Haltung deutlich zu erkennen ist[10].

3. Die Datierung von non posse

Non posse wird im ersten Kapitel als Fortsetzung von adv. Col. bezeichnet, muß also später als adv. Col. geschrieben sein. Beide Dialoge gehören nach

9. *Flacelière* S. 200 f. – Die Ansicht einer Schule zu widerlegen, indem die entgegengesetzte einer anderen als relativ besser dargestellt wird, ist eine Methode des Karneades, vgl. Cic. de nat. deor. I, 121; de div. II, 40. 103; dazu mit weiteren Belegstellen *R. Philippson*, Symb. Osl. 20, 1940, S. 39 f.

10. Caes. 66; Br. 37; Dtr. 34; Luc. 44; Pyrrh. 20. – Von einer ,,indebtedness to Stoics and Epicureans" (*Oakesmith* S. XVII gegen *Volkmann*) kann also nicht die Rede sein. Für die epikureische Lehre ist Plutarchs durchgängig ablehnende Haltung oben dargelegt, für die stoische Lehre s. *Babut*, Stoicisme, besonders die Zusammenfassung S. 267 f.

Flacelière stellt eine Entwicklung in der Einstellung Plutarchs zum Epikureismus fest, die von der Übernahme epikureischer Thesen in de sup., über die Ablehnung epikureischer Meinungen in freundlichem Ton in den quaest. conv. bis zur polemischen Auseinandersetzung der antiepikureischen Schriften und der pythischen Dialoge reicht; wobei er auch noch in der letzten Gruppe von Schriften eine Steigerung der feindlichen Haltung entsprechend der zeitlichen Folge ihrer Entstehung beobachtet.

Mit der Annahme, daß Plutarch in de sup. epikureische Literatur benutzt, folgt *Flacelière* der These von *A.-J. Festugière* (Epicure et ses dieux, Paris 1946, S. 77 f), die aber nicht zu halten ist (vgl. auch *W. Schmid*, RhM 94, 1951 S. 97 Anm. 4). Die in de sup. behandelte ἀθεότης wird definiert als κρίσις οὖσα φαύλη τοῦ μηδὲν εἶναι μακάριον καὶ ἄφθαρτον (2, 165 b; die Leugnung der Existenz von Göttern wird durch die ganze Schrift beibehalten s. 6, 167 d; 10, 169 f. 170 a; 11, 170 f). μακάριον καὶ ἄφθαρτον ist die epikureische Definition der Gottheit, deren Einwirken auf die Welt Epikur leugnet, nicht deren Existenz (s. Sent. 1). Die Epikureer werden in de sup. also nicht unter die ἄθεοι gerechnet (s. *U. v. Wilamowitz-Moellendorf*, Griechisches Lesebuch, Erläuterungen, Berlin 1902, S. 204 f), daher kann die relativ positive Darstellung des ἄθεος in de sup. auch nicht aus einer epikureischen Quelle stammen. Daß Plutarch in de sup. vielmehr kynische Diatribe benutzt, hat *W. Abernetty* (De Plutarchi qui fertur ,,de superstitione" libello, Diss. Königsberg 1911) trotz mancher Mängel in seiner Abhandlung (s. u. S. 49 Anm. 6) überzeugend nachgewiesen (vgl. die Rezension von *K. Hubert*, Woch. klass. Phil. 1912, Sp. 1226–1231).

Der Ausgangspunkt für diese Hypothese von *Flacelière* fällt somit weg. Für die übrigen Schriften läßt sich die Abfolge ihrer Entstehung nicht so genau festlegen, wie *Flacelière* es vorschlägt. Um nur einiges herauszugreifen: weder läßt sich nachweisen, daß die quaest. conv. früher entstanden sind als z. B. die antiepikureischen Schriften (s. *Ziegler* Sp. 250), noch läßt sich die Reihenfolge der pythischen Dialoge sicher bestimmen (s. *Ziegler* Sp. 199 f). Der unterschiedliche Ton ergibt sich aus der jeweiligen Themenstellung einer Schrift und der fingierten Situation der Dialoge: so versteht es sich von selbst, daß in dem gesellschaftlichen Rahmen der quaest. conv., wenn zudem der Gastgeber ein Epikureer ist, und nur naturwissenschaftliche Einzelprobleme zur Debatte stehen, das Gespräch in einem ruhigeren Ton verläuft als bei einer theologischen Diskussion oder in einer Schrift, die ausdrücklich die Polemik gegen Epikur zum Ziel hat.

Inhalt und Anlage zu den reiferen Schriften Plutarchs, für deren Abfassung als terminus post quem allgemein 96 n.C. angenommen wird[11]. Ein etwas späterer terminus post quem ergibt sich, wenn man voraussetzen kann, daß adv. Col. an den Prokonsul von Achaia L. Herennius Saturninus während seiner Amtszeit 97/98 oder 98/99 n.C. gerichtet ist[12]. Doch läßt sich das nicht mit Sicherheit feststellen.

11. *Ziegler* Sp. 71 ff, 130. Diese communis opinio wird bestätigt durch die Arbeit von *C. P. Jones*, der mit allem verfügbaren historischen Material eine Liste der datierbaren Schriften Plutarchs aufstellt.
Hirzel (II S. 219) setzt non posse in Plutarchs letzte Lebenszeit. Doch ist weder das Gespräch langatmiger geworden, noch kann man daran das Alterswerk erkennen, daß „die Darstellung, die an die Stelle der früheren Mythen getreten ist (c. 24 p. 1104 A – Schl.) ... nicht mehr die lebhaften Farben wie diese" hat (II S. 222). Warum muß eine solche Darstellung wie im letzten Teil von non posse zeitlich später als die Mythen liegen und warum muß sie sich durch lebhafte Farben auszeichnen, deren Fehlen dann die Schwäche des Alters anzeigt? Auch muß Plutarch, um Theon als νέος zu bezeichnen, der ein gutes Gedächtnis hat (24, 1104 a), nicht selbst schon von der „Vergeßlichkeit des Alters" (S. 222 Anm. 3) gedrückt werden. Gegen *Hirzel*s Einordnung von non posse in die Zeit des Alters auch *Ziegler* Sp. 130.
F. Fuhrmann (S. 19–24) unterteilt das Werk Plutarchs in drei Perioden: 1. Jugend, etwa bis 80 n. C. 2. Reifes Alter, etwa von 80 bis 100 n. C. 3. Letzter Lebensabschnitt, nach 100 n. C. Adv. Col. fällt bei ihm in die zweite, non posse in die dritte Periode, jedoch gibt er für die chronologische Einordnung der einzelnen Schriften kein weiteres Kriterium an als nur „dans la mesure du possible" (S. 19). Von der ersten zur zweiten und von der zweiten zur dritten Periode beobachtet er ein Absinken der durchschnittlichen Zahl von Bildern pro Kapitel. Abgesehen davon, daß ein stilistisches Phänomen nie isoliert behandelt werden darf, sind auch die Unterschiede in der Zahl der Bilder bei den einzelnen Schriften einer Periode so groß, daß sich aus der Häufigkeit der Bilder kein wahrscheinliches Kriterium für die chronologische Einordnung bisher undatierbarer Schriften ergibt, wie *Fuhrmann* meint (S. 24).
12. *Ziegler* Sp. 126; *C. P. Jones* S. 72.

I Der dialogische Rahmen

1. Die Einleitung (Kap. 1)

Non posse ist ein diegematischer Dialog, der Berichtende ist Plutarch selbst[1]. Am Anfang steht eine kurze Einleitung, durch die non posse zeitlich und sachlich mit adv. Col. in Zusammenhang gebracht wird[2]. Plutarch sagt darin folgendes: gegen das Buch von Kolotes mit dem Titel „Daß man nach den Lehren der anderen Philosophen nicht einmal leben kann"[3] hatte Plutarch einen Vortrag gehalten, in dem er die angegriffenen Philosophen verteidigt. Dieser Vortrag bildet fast den ganzen Inhalt von adv. Col. Bei einem an diesen Vortrag sich anschließenden Spaziergang seien noch weitere Argumente gegen Epikur laut geworden, die Plutarch nun in non posse schriftlich niedergelegt hat. Als einen Grund für die Veröffentlichung gibt er an, er wolle denen, die andere zur Rechenschaft ziehen, zeigen, „daß jeder die Argumente und Schriften derer, die er widerlegen will, sorgfältig untersuchen muß und nicht die Unerfahrenen in die Irre führen darf, indem er Aussagen aus ihrem Kontext herausreißt und bloße Worte ohne Bezug zu der Sache, um die es geht, bekämpft." Obgleich Plutarch sich ganz allgemein ausdrückt, denkt er hier natürlich vor allem an das

---

1. Zur Einteilung der Dialoge in diegematische und dramatische vgl. *Görgemanns* S. 30. Plutarch bevorzugt die diegematische Form: von 16 Dialogen sind 12 diegematisch, darunter 9 Bücher quaest. conv. Wenn kein Rahmengespräch vorangeht, berichtet er selbst außer in de def. or., de fac. in orbe lun. (der Anfang dieses Dialogs ist verloren, war aber wahrscheinlich kein Rahmengespräch, s. *Görgemanns*, Untersuchungen, S. 30 f) und sept. sap. conv. In de def. or. und de fac. in orbe lun. ist der Ich-Erzähler und Hauptredner Plutarchs Bruder Lamprias, was wohl eine besondere Form der Widmung darstellt (*Hirzel* II S. 185. 195). In sept. sap. conv. mußte der Berichtende natürlich ein Zeitgenosse der sieben Weisen sein.
2. Die Einleitung ist hier wie in adv. Col., de def. or. und wahrscheinlich de fac. in orbe lun. (s. *Görgemanns* a.a.O.) so eng mit dem Dialog verbunden, daß der Dialog ohne sie unvollständig wäre. Die Vorworte von de E ap. Delph. und den quaest. conv. bilden dagegen selbständige Einheiten. Amat., de gen. Socr., de Pyth. or. und de san. tuen. werden von einem Rahmengespräch eingeleitet. Ohne jede Einleitung beginnen de sera num. vind., sept. sap. conv. und die vier dramatischen Dialoge bruta an. rat. uti, de coh. ira, de comm. not. und de soll. an. Vgl. dazu *Kahle* S. 10–22.
3. Der genaue Titel ist wohl die längere, in adv. Col. gegebene Fassung περὶ τοῦ ὅτι κατὰ τὰ τῶν ἄλλων..., s. *Westman* S. 40. Daß οὐδέ als „nicht einmal" zu verstehen und in Gedanken etwa zu ergänzen ist „geschweige denn die Wahrheit finden", zeigt *Westman* S. 97 f.

Buch des Kolotes. Auch am Anfang von adv. Col. wirft er Kolotes vor, daß er die Ansichten der Philosophen, die er bekämpft, aus ihrem zum Verständnis unentbehrlichen Zusammenhang herausreißt[4]. Plutarchs eigene Polemik soll also neben der sachlichen auch eine methodische Bedeutung haben: sie soll ein Muster dafür sein, wie Polemik überhaupt durchzuführen ist, nämlich so, daß sie auf einer eingehenden Kenntnis der gegnerischen Argumente aufbaut und diese in der Sache, nicht an einzelnen, mehr oder weniger treffenden Sätzen angreift[5].

Als Ort des Dialogs kann man Chaironeia erschließen[6], wo sich um Plutarch eine „Art Filiale der athenischen Akademie" gebildet hatte[7]. Vom Schulbetrieb wird sichtbar, daß er teils in Vorträgen wie in adv. Col., teils in Gesprächen mit und unter den Schülern wie in non posse vor sich ging[8]. Die fiktive Zeit des Dialogs wird durch die Verknüpfung mit adv. Col. nicht näher bestimmt, da auch dort jede zeitliche Einordnung fehlt[9]. Wenn Plutarch im Vorgespräch die ihm offenbar zukommende ἡγεμονία des Dialogs ausdrücklich an andere abgibt, erscheint er als das geachtete Schulhaupt, zu dem er erst in seinen reiferen Jahren werden konnte[10].

---

4. 3, 1108 d.
5. Wieweit dieser Anspruch gerechtfertigt ist, s. u. S. 28.
6. Vgl. *Hirzel* II S. 220; *W. Kiaulehn*, De scaenico dialogorum apparatu capita tria, Diss. Halle 1913, S. 195.
7. *Ziegler* Sp. 26.
8. *Ziegler* Sp. 28. In dieser Hinsicht geben adv. Col. und non posse wohl historische Zustände wieder. Im einzelnen wird adv. Col. mit dem Vortrag Plutarchs dem historischen Geschehen näher kommen als das Gespräch von non posse, das viel zu genau komponiert ist, um ein spontanes Gespräch darzustellen. Aus anderen Gründen nimmt *Hirzel* an, daß sich an den „historischen Bericht" von adv. Col. in non posse „die Dichtung eines Dialogs" anschließt (II S. 220). Er hält den Zusammenhang zwischen adv. Col. und non posse für „nachträglich hergestellt", weil 1. am Anfang von non posse nicht der Titel der Schrift des Kolotes genannt würde, wenn adv. Col. und non posse in einem Zug geschrieben wären, 2. von der Anwesenheit des Herakleides (non posse 2, 1086 e) in adv. Col. nicht die Rede ist. Daß Plutarch die beiden Dialoge nicht in einem Zug geschrieben, sondern adv. Col. vor non posse herausgegeben hat, sagt er selbst ausdrücklich in der Einleitung von non posse (ὅσα τοίνυν ἡμῖν ἐπῆλθεν εἰπεῖν πρὸς αὐτὸν ὑπὲρ τῶν φιλοσόφων, ἐγράφη πρότερον), das sagt aber nichts darüber aus, ob das Gespräch von non posse tatsächlich stattgefunden hat. Weiter ist die Anwesenheit des Herakleides in adv. Col. nicht ausgeschlossen, auch wenn er dort nicht namentlich genannt wird (s. adv. Col. 2, 1108 a τῶν ἄλλων).
9. Die Tages- und Jahreszeit benutzt Plutarch nie zur Gestaltung eines Dialogs, s. *Kahle* S. 4. Die historische Zeit wird in manchen Dialogen deutlicher gezeichnet, vor allem in de gen. Socr.
10. 2, 1087 c; *Ziegler* Sp. 130.

2. Das Vorgespräch

Auf die Einleitung folgt eine kurze Erklärung zur Szene: Nach dem Vortrag, der wohl in Plutarchs Haus stattgefunden hat[11], gehen die Gesprächsteilnehmer ins Gymnasium. Dann beginnt das Gespräch. Zunächst geht der Behandlung des eigentlichen Themas von non posse ein kurzes Vorgespräch voraus, das zwei Funktionen erfüllt: einerseits kommen hier alle Personen zu Wort, die zum Dialog beitragen[12], und es wird bereits deutlich, welchen Anteil sie übernehmen werden; andererseits stellt das Vorgespräch die gedankliche Verbindung zwischen adv. Col. und non posse her und gibt Hinweise zum Verständnis beider Dialoge.

a. Die Personen

Die Gesprächsteilnehmer sind wie in den meisten Dialogen Plutarchs seine Freunde und Schüler, hier werden sie ohne Kennzeichnung ihrer Person eingeführt[13]. Von Herakleides, einem zeitgenössischen, offenbar mit den Epikureern sympathisierenden Philologen[14], wird nur berichtet, was er beim Weggehen gesagt hat, beim Gespräch in non posse ist er nicht mehr anwesend. Wie *Hirzel* herausgestellt hat, will Plutarch in seinen Dialogen keine heftigen Auseinandersetzungen wiedergeben, „daher wird, bevor der Dialog beginnt, die Bühne regelmäßig von den Störenfrieden gereinigt."[15]

Zeuxipp beginnt das Vorgespräch, indem er Plutarchs Vortrag für zu sanft erklärt und von der Reaktion der Anhänger des Herakleides berichtet; zu dem

---

11. Vgl. *Ziegler* Sp. 26 f.
12. Plutarch nennt nie am Anfang alle Gesprächsteilnehmer, wie Platon, Cicero und Tacitus es tun (sofern nicht ein Gesprächsteilnehmer erst später eintrifft, was dann aber ausdrücklich vermerkt wird, s. Pl. Men. 89 e; Symp. 212 d; Cic. de or. II, 12; Tac. dial. 14, 1), sondern führt die Personen meist erst ein, wenn sie zu Wort kommen (s. *Kahle* S. 5 f). In non posse läßt er alle aktiven Gesprächsteilnehmer schon im Vorgespräch das Wort ergreifen. Daß als stumme Zuhörer jüngere Schüler Plutarchs anwesend sind, geht erst aus Plutarchs Bemerkung zu Theon 24, 1104 a hervor.
13. Außer in brut. an. rat. uti, de gen. Socr. und sept. sap. conv. treten in Plutarchs Dialogen nur zeitgenössische Personen auf, hauptsächlich seine Verwandten, Freunde und Schüler (s. *Ziegler* Sp. 30). Manchmal kennzeichnet er die Personen kurz mit Rücksicht auf den Adressaten (s. adv. Col. 2, 1107 e). In non posse werden die Personen auch im Verlauf des Dialoges nicht näher charakterisiert. Eingehender beschreibt Plutarch die Personen in de E ap. Delph. und de soll. an. (vgl. *Kahle* S. 60 f).
14. Mit diesem Ausdruck wird γραμματικός am treffendsten wiedergegeben (2, 1086 f). Ein γραμματικός war ein Literatur-Forscher und -Lehrer, vgl. de aud. poet. 11, 313; quaest. conv. V, 2, 675 a; VII, 8, 712 a; dazu *Gudeman*, RE VII, Sp. 1808–1810. Von dem hier genannten Herakleides ist sonst nichts bekannt.
15. *Hirzel* II S. 219, vgl. de def. or. 7, 413 d; de sera num. vind. 1, 548 a. b.

neuen Thema von non posse trägt er nichts bei. Auch im weiteren Verlauf des Dialogs ist sein Anteil gering: er unterbricht nur einmal die Rede Theons mit einer Frage und drängt zweimal auf Vollendung des Gedankengangs[16]. In seiner Beurteilung des Vortrags von adv. Col. und seinem Drängen auf vollständige Widerlegung der epikureischen Lehre erscheint er als ausgesprochener Gegner der Epikureer[17]. Aus dem Amat. wissen wir, daß er aus Lakedämon stammt und ein Gastfreund Plutarchs ist[18]. Auch zu diesem Dialog steuert er nur wenige Bemerkungen bei[19]. In de san. tuen. referiert er nach einem kurzen Rahmengespräch einen Vortrag Plutarchs[20].

Theon schlägt das endgültige Thema von non posse vor und hält trotz Aristodems Einwand daran fest. Er führt es dann auch zum größten Teil aus. Im 24. Kapitel bezeichnet Plutarch ihn als νέος. Es gibt in non posse keinen Hinweis dafür, daß er in Wirklichkeit alt ist, und Plutarch hier im Scherz spricht, wie *Ziegler* im Anschluß an *Hartman* annimmt[21]. Dann gehört Theon zu den jüngeren Schülern Plutarchs[22] und ist von dem älteren Theon der anderen Dialoge zu unterscheiden[23]. Der ältere

---

16. 4, 1088 d; 20, 1100 e; 24, 1103 f.
17. So *Ziegler* Sp. 50. Dagegen meint *Flacelière*, Zeuxipp sympathisiere mit den Epikureern, und führt als Belege an, daß Zeuxipp non posse 4, 1088 d zur Verteidigung der Epikureer spreche (S. 206 f) und im Amat. Ansichten über den Eros vortrage, die denen der Epikureer nahestünden (S. 211). Non posse 4, 1088 d fragt Zeuxipp, ob Epikurs Vorgehen in einem Punkte nicht richtig ist. Zusammen mit seinen sonstigen Äußerungen in non posse kann dies nur als didaktische Frage an den jüngeren Schüler (s. o.), nicht als Verteidigung Epikurs verstanden werden. Zur Funktion der Frage s. u. S. 13. Im Amat. trägt Zeuxipp zwar epikureische Meinungen vor (s. auch die Anm. von *C. Hubert*, Teubner-Mor. Bd IV, p. 382, 13), Plutarch sagt aber danach über ihn: οὐχ οὕτω πεπεισμένος (21, 767 c).
18. 2, 749 b.
19. 11, 755 b; 18, 762 d; 26, 771 d.
20. *Ziegler* Sp. 152.
21. *Hartman* S. 616 f; *Ziegler*, RE V A, Sp. 2065 f; dagegen *Pohlenz* p. 123; 164 App. zu Z. 22.
22. *Kahle* schließt aus 24, 1104 a und 2, 1086 e. f, daß Theon nicht zu Plutarchs Schule gehört (S. 28 Anm. 1). 24, 1104 a liest er den überlieferten Text, der aber geändert werden muß, s.u. Anm. 61. 2, 1086 e. f wird nur vorausgesetzt, daß Theon den Wortwechsel zwischen Zeuxipp und Herakleides nicht gehört hat.
23. *Pohlenz* p. 123, *Einarson/de Lacy* p. 16 b. Möglicherweise sind die in den übrigen Dialogen auftretenden Personen namens Theon auch nicht identisch (de E ap. Delph.; de fac. in orbe lun.; de Pyth. or.; quaest. conv. I, 4. 9; IV, 3; VIII, 6. 8). Zwar ist *Hirzels* Annahme (II S. 200, Anm. 3), daß hier ein Stoiker (de E ap. Delph.) und ein Grammatiker Theon zu unterscheiden sind, durch *Ziegler* überzeugend widerlegt (RE V A Sp. 2064 f, vgl. auch *Babut* S. 245). Es ist aber gut möglich, daß Θέων ὁ ἑταῖρος (de E ap. Delph. 5, 386 d; quaest. conv. I, 4, 620 a) und Θέων ὁ γραμματικός (quaest. conv. I, 9, 626 e; VIII, 8, 728 f) verschiedene Personen darstellen, wie *Cherniss* und *Helmbold* vermuten (Loeb-Mor. XII p. 7).

Theon stammt aus Ägypten, der jüngere spricht von sich als Phoker[24].

Aristodem, dessen Vorschlag für das Gesprächsthema von Theon abgelehnt wird, löst diesen nur im letzten Teil des Dialogs ab und stellt die Freuden aus dem Götterglauben dar[25]. Seine Darlegungen entsprechen der Charakterisierung eines leidenschaftlichen Platonikers, die Plutarch in adv. Col. von ihm gibt[26]. Aus der Art, wie Plutarch ihm zusammen mit Theon die Gesprächsführung überläßt[27], kann man schließen, daß er wie Theon ein jüngerer Schüler Plutarchs ist.

Plutarch selbst will sich an diesem Dialog nur mit Zuhören und Antworten beteiligen. Vorbereitet wird diese Zurückhaltung durch Aristodems Annahme, daß Plutarch nach dem Vortrag von adv. Col. ermüdet sei. So greift er im folgenden nur zweimal ein, indem er Fragen beantwortet und dabei zugleich zu weiteren Ausführungen ermuntert[28].

b. Der Übergang von adv. Col. zu non posse

Zunächst werden zwei Meinungen zu dem Vortrag Plutarchs gegenübergestellt: für Zeuxipp hätte der Ton noch schärfer sein können, die Anhänger des Herakleides fanden dagegen die Angriffe auf Epikur und Metrodor ungerechtfertigt heftig. Es fällt auf, daß die Angriffe gegen Kolotes selbst nicht getadelt werden. Also meinten auch die Anhänger des Herakleides, daß die Behauptung von Kolotes, man könne nach den Lehren der anderen Philosophen nicht einmal leben, die scharfe Polemik in adv. Col. rechtfertige.

Dagegen setzten sie offenbar für Epikur und Metrodor voraus, daß beide sich derartiger Beleidigungen enthalten hätten. Diese Annahme widerlegt Plutarch, indem er Theon eine Reihe grober Schmähworte aufzählen läßt, die

---

24. De fac. in orbe lun. 25, 939 c; non posse 18, 1099 e. *Ziegler*, der den Theon von non posse mit dem der anderen Dialoge für identisch hält, erklärt die Diskrepanz, daß Theon einmal als Ägypter und einmal als Phoker erscheint, auf folgende Weise: entweder stamme er aus Ägypten und habe in einer phokischen Gemeinde Bürgerrecht erworben oder er sei von Geburt aus Phoker und werde wegen seiner Begeisterung für Ägypten als Ägypter angeredet (a.a.O. Sp. 2060 f). Zusammen mit der Bezeichnung νέος (non posse 24, 1104 a) liegt es aber zweifellos näher, an mindestens zwei verschiedene Personen namens Theon zu denken.
25. 20, 1100 e-23, 1103 e.
26. 2, 1107 f.
27. 2, 1087 c: τὴν δ' ἡγεμονίαν ὑμῖν παραδίδωμι, wobei mit ὑμῖν offenbar nur Theon und Aristodem gemeint sind, nicht auch Zeuxipp, denn der Text fährt fort, daß Theon Ausflüchte macht, und Aristodem die Schwierigkeit des Themas betont.
28. 15, 1096 f; 24, 1103 f.

Epikur und Metrodor gegen bedeutende Philosophen gerichtet haben[29]. So wird die Kritik an Plutarchs Vortrag in adv. Col. abgewiesen und die das Gespräch eröffnende Beurteilung durch Zeuxipp bestätigt. Die Sympathie des Herakleides für Epikur und Metrodor wird darüberhinaus noch lächerlich gemacht mit der ironischen Frage, ob Herakleides als Philologe Epikur und Metrodor vielleicht wegen ihrer ungehörigen Äußerungen über die Dichter so schätze.

Damit ist das Gespräch über adv. Col. beendet. Wenn hier die Angriffe auf Epikur und Metrodor in adv. Col. verteidigt werden, gilt das zugleich auch für die Polemik in non posse, die sich ebenfalls gegen Epikur und Metrodor richtet. Trotzdem ist es auffällig, daß Plutarch den Leser auf die Auseinandersetzung in non posse ausgerechnet mit einer Verteidigung seines Vorgehens in einer früheren, dem Leser vielleicht unbekannten Schrift vorbereitet. Die Annahme liegt nahe, daß tatsächlich aus dem Kreis um Herakleides Kritik an Plutarchs Vortrag in adv. Col. laut wurde, sei es gleich nach dem Vortrag oder nach seiner Veröffentlichung. Die Zurückweisung dieser Kritik fand dann im Vorgespräch von non posse einen passenden Platz, weil sie hier zugleich den Leser von non posse gegen Epikur und Metrodor einnimmt. Denn wenn die epikureischen Schmähungen gegen anerkannte Philosophen und Dichter angeführt werden, soll der Leser über Epikur und Metrodor dieselbe Meinung gewinnen, die Theon ausspricht: „Wenn sie auch sonst in allem klug wären, durch diese Lästerungen und Schmähungen sind sie von der Weisheit ausgeschlossen."[30]

Im zweiten Teil des Vorgespräches steht das Thema von non posse zur Debatte. Aristodem schlägt vor, man solle das weiter ausführen, was Plutarch zu Beginn seines Vortrages kurz berührt hatte, daß man nämlich nach der epikureischen Lehre nicht sittlich gut leben kann[31]. Theon lehnt dieses Thema mit der Begründung ab, daß es schon früher von anderen erschöpfend behandelt

---

29. *Einarson* und *de Lacy* versuchen, die acht Schmähworte den sieben genannten Namen zuzuordnen (p. 16 d). Überzeugend ist die Annahme, daß ἀνδροφονίας gegen den Plato-Schüler Herakleides von Ainos gerichtet ist, der den Thraker-König Kotys ermordet hat (s. adv. Col. 32, 1126 c; *F. Wehrli*, Herakleides Pontikos, S. 63 Anm. zu frg. 11). Weiter sind die Zusammenstellungen von *Einarson/de Lacy* in den Fällen wahrscheinlich, für die es ein entsprechendes epikureisches Testimonium gibt. So kann man ἀλαζονείας nach adv. Col. 18, 1117 d wohl Sokrates zuweisen, πολυφθόρους nach Diog. Laert. X, 8 (wo auch eine Liste von Schmähungen aufgeführt ist, die Epikur gegen andere Philosophen gerichtet haben soll) den Dialektikern Aristoteles und Theophrast und βαρυστόνους nach Epic. frg. 114 Us. denen, die als Zeitgenossen Epikur als Schüler des Nausiphanes bezeichnen konnten, also Theophrast und Herakleides. In den übrigen Fällen (βωμολοχίας, ληκυθισμούς, ἑταιρήσεις, βαρυεγκεφάλους) sind die Vorwürfe zu allgemein, um ohne Testimonium mit einiger Wahrscheinlichkeit einer der genannten Personen zugeordnet zu werden.
30. 2, 1086 e. f, p. 125, 14–17.
31. Adv. Col. 2, 1108 c; aus dieser Stelle und dem Ende des Vorgesprächs (2, 1087 c) geht deutlich hervor, daß 2, 1087 a, p. 125, 25 mit *Wilamowitz* εὖ ergänzt werden muß.

worden sei. Er will stattdessen die von den Epikureern angegriffenen Philosophen durch den Nachweis verteidigen, daß man nach Epikurs Lehre nicht einmal lustvoll leben kann – „geschweige denn sittlich gut" ist bei dem Thema von non posse also in Gedanken zu ergänzen. Nach den Worten Theons ist offenbar das erste, von Aristodem vorgeschlagene Thema in der Tradition der Epikureer-Polemik schon früher abgehandelt worden[32], während das Thema von non posse als weniger geläufig erscheint. Daß es einen vernichtenden Angriff auf das Zentrum der epikureischen Lehre darstellt, gibt Plutarch dann mit mehreren zum Teil drastischen Redensarten zu verstehen[33]. Schließlich weist Aristodem leicht klagenden Tones darauf hin, daß es der leichtere Weg für diesen Angriff gewesen wäre, wenn man zuerst das von ihm vorgeschlagene Thema behandelt hätte; denn da die Epikureer selbst zugeben, daß es ohne sittlich gutes Leben auch kein lustvolles Leben gibt[34], könnte man ihnen dieses absprechen, indem man nachweist, daß sie jenes nicht haben; dagegen sei es nicht leicht, denen, die als höchstes Gut die Lust annehmen, gerade diese abzusprechen. Auch Theon sieht die Schwierigkeit des Themas: er will es gegebenenfalls zurücknehmen – was natürlich nicht geschieht. So wird durch den zweiten Teil des Vorgesprächs das Thema von non posse vorgestellt und das Interesse der Leser für dieses Thema geweckt, indem es als ungewöhnlicher, zentraler und schwieriger Angriff gegen Epikur charakterisiert wird.

In der Anlage des Vorgesprächs folgt Plutarch offensichtlich der klassischen rhetorischen Regel, nach der ein Proömium die Aufgabe hat, den Leser benivolum, attentum und docilem zu machen[35]. Im ersten Teil will er den Leser benivolum stimmen, indem er ihn gegen die Epikureer einnimmt[36], im zweiten

---

32. So vielleicht auch in der verlorenen Schrift von Plutarch περὶ βίων πρὸς Ἐπίκουρον (Lamprias-Katalog Nr. 159). Es ist ja wahrscheinlich, daß Plutarch in dieser Schrift, der non posse abgesehen vom Religions-Teil inhaltlich sehr nahestehen muß (s. u. S. 41), ein anderes Ziel verfolgt als in non posse, also Epikur hier nicht das ἡδέως ζῆν absprechen wollte, sondern das εὖ ζῆν. – Daß mit ἑτέροις nur auf Plutarch angespielt wird (Einarson und de Lacy p. 19 f), ist unwahrscheinlich.
33. Zu εἰς τὴν γαστέρα ... ἐναλεῖσθαι, im Zentrum angreifen, s. Luc. 11, 1; da die Epikureer nach ihren eigenen Worten das ἀγαθόν im Bauch finden (3, 1087 d; adv. Col. 2, 1108 c; 30, 1125 a), wirkt diese Redensart hier besonders witzig. Zu τὸν περὶ τῶν κρεῶν (sc. δρόμον), der Kampf um das Leben, vgl. Paroemiographi Graeci edd. E. L. Leutsch, F. G. Schneidewin, Göttingen 1839 I S. 108. Zu τὸ ἔαρ ἐξαιρεῖν, die Blüte, das Beste wegnehmen vgl. Her. VII, 162; Arist. Rhet. 1365 a 31 ff.
34. Epic. ep. III, 132; Sent. 5.
35. Cic. de inv. I, 20: Exordium est oratio animum auditoris idonee comparans ad reliquam dictionem; quod eveniet si eum benivolum, attentum, docilem confecerit.
36. A. a. O. 22: Benevolentia quattuor ex locis comparatur: ab nostra, ab adversariorum, ab iudicum persona, a causa ... Ab adversariorum autem, si eos aut in odium aut in invidiam aut in contemptionem adducemus. In odium ducentur si quod eorum spurce, superbe, crudeliter, malitiose factum proferetur ...

Teil attentum und docilem, indem er das Thema und seine Schwierigkeiten darlegt[37].

Zu diesen von Plutarch angestrebten Wirkungen trägt die lebendige Gestaltung des Vorgesprächs viel bei. Das Gespräch verläuft in kurzen, lebhaften Wechselreden, die Sprache ist bilderreich und dadurch lebendig und ausdrucksvoll. Zitate aus Platon und Homer und sprichwörtliche Redensarten geben der Unterhaltung eine urbane Note. Auch wenn die Redensarten drastisch, fast derb sind, gilt ihr Gebrauch doch als Zeichen einer gehobenen Umgangssprache[38]. So kann Plutarch in diesen Wendungen Epikur unverhüllt den Kampf ansagen, ohne den gehörigen Umgangston zu verletzen, wie es Epikur und Metrodor in ihren groben Schmähungen tun. Auch das wird den Leser für Plutarch und gegen die Epikureer einnehmen, wie andererseits die Lebendigkeit des Gesprächs sein Interesse am Thema erhöhen wird. Abgesehen von der Wechselrede, die von langen zusammenhängenden Vorträgen abgelöst wird, gilt das im Vorgespräch Beobachtete für den Stil der ganzen Schrift.

3. Das Hauptgespräch (Kap. 3-Schluß)

a. Die Gesprächsführung

Im Kreis seiner Schüler und Freunde kommt Plutarch die Gesprächsführung zu. Er vermerkt es daher ausdrücklich, wenn er sie in diesem Dialog an seine Schüler abgibt[39], was wohl als Widmung zu verstehen ist[40]. Die Gesprächsführung ist hier von der Art, daß fast ausschließlich die Hauptredner sprechen: Theon und Aristodem halten drei längere Reden, die anderen beiden Gesprächsteilnehmer kommen nur in vier kurzen Zwischenbemerkungen zu Wort[41].

Zuerst stellt Theon die von den Epikureern gelehrte ἡδονή dar und weist nach, daß sie gering und unbeständig ist[42], dann schildert er im zweiten und

---

37. A. a. O. 23: Attentos autem faciemus si demonstrabimus ea quae dicturi erimus magna, nova, incredibilia esse ... Dociles auditores faciemus si aperte et breviter summam causae exponemus, hoc est, in quo consistat controversia.
38. Quint. inst. or. VI, 3, 96–98: Adiuvant urbanitatem et versus commode positi ... et proverbia opportune aptata.
39. 2, 1087 c. Anders ist es in den Dialogen, die in Plutarchs Jugend spielen wie de E ap. Delph. und mehrere Problemata in den quaest. conv., z. B. IX, 1. 2. – In der Regel gibt es für eine Frage einen Gesprächsführer, nur in non posse und de fac. in orbe lun. teilen sich zwei bzw. drei Personen in die Gesprächsführung, vgl. *Kahle* S. 27 f.
40. Vgl. *Pohlenz* p. 123.
41. Zu den verschiedenen Arten der Gesprächsführung bei Plutarch vgl. *Kahle* S. 24–32.
42. Daß 4, 1088 e der überlieferte Text ἔφην ἐγώ mit *Patzig* in ἔφη Θέων zu ändern ist, wird allgemein anerkannt, s. *Hirzel* II S. 222 Anm. 1, *Pohlenz* und *Einarson/de Lacy* z. St.

dritten Teil seiner Rede die großen Freuden aus dem Denken und Handeln, die den Epikureern entgehen. Aristodem fügt die Darstellung der Freuden aus dem Götterglauben hinzu. Zum Schluß ergreift Theon wieder das Wort und führt Plutarch selbst referierend aus, welche Freuden die Gläubigen im Jenseits erwarten. Die drei Reden fügen sich so zu *einer* Erörterung zusammen, daher kann Theon auch im letzten Kapitel den ganzen Gedankengang der Schrift zusammenfassen.

b. Die Zwischenbemerkungen

In Theons Rede sind zwei Zwischenbemerkungen eingeschoben, in denen eine Frage zur Sache gestellt bzw. beantwortet wird. Als Theon behauptet, die Epikureer bemerkten selbst die Armseligkeit der körperlichen Lust und übertrügen daher ihr höchstes Gut auf die Seele, unterbricht ihn Zeuxipp: „Dann meinst du nicht, daß diese Männer richtig vorgehen, wenn sie beim Körper beginnen, wo die Lust zuerst entstand, dann zur Seele als der beständigeren Grundlage übergehen und das Ganze in ihr vollenden?"[43] Theon erwidert darauf, daß dieses Vorgehen richtig ist, wenn man in der Seele wie die Denker und Politiker etwas Besseres und Vollkommeneres findet: das ist aber bei den Epikureern nicht der Fall, sondern sie gestehen der Seele nur Freude an körperlicher Lust zu.

Hier wird der Redner zum einzigen Mal in non posse mitten im Fluß seiner Rede unterbrochen[44]. Der auffällige Einschub hat offensichtlich den Zweck, die Aufmerksamkeit des Lesers auf die folgende Argumentation zu lenken. Wenn in der Frage von Zeuxipp zuerst die Möglichkeit erscheint, daß Epikurs Übertragung der Lust auf die Seele richtig ist, wird durch die entgegengesetzte Darstellung Theons die Eigenart der epikureischen Lehre besonders betont: Epikur rekurriert zwar auf die Seele, macht sie aber nur zum Gefäß für die Lustempfindungen des Körpers[45]. Daß Epikur die wahren seelischen Freuden, die Freuden des Denkens und des Handelns, nicht kennt, ist die These der folgenden beiden Teile von Theons Rede. Daher muß bei der Behandlung der epikureischen Lustlehre deutlich herausgestellt werden, was Epikur unter seelischen Freuden versteht.

Um die wahren seelischen Freuden geht es auch in der zweiten Zwischenbe-

---

43. 4, 1088 d. e. Nach γένεσις ist etwa εἶτ' ἰόντες (*Bernardakis*) einzufügen.
44. In den Zwischenbemerkungen, die eine Rede unvermittelt unterbrechen, läßt Plutarch Widersprüche, Schwierigkeiten oder Lehren der Gegner vorbringen, s. *Kahle* S. 46. Doch muß die folgende Klärung durch den Hauptredner nicht nur zur besseren Begründung seiner Meinung dienen (so *Kahle* S. 46), s. o.
45. 4, 1088 e: ἆρ' οὐ δοκοῦσί σοι διεράματι τοῦ σώματος χρῆσθαι τῇ ψυχῇ;

merkung[46]. Theon schließt die Darstellung der Freuden aus dem Denken mit einem grundlegenden Einwand gegen Epikur ab: entweder muß man die Seele leugnen oder man muß ihr auch eine eigene Lust zugestehen[47]. Um sich diesen grundlegenden Einwand bestätigen zu lassen, fragt er seine Zuhörer, ob er etwa unbemerkt Verleumdungen gegen die Epikureer vorgebracht hätte[48]. Plutarch versichert ihm, daß er sich jeder Schmähung enthalten habe[49]. Durch diese Bestätigung wird der grundlegende Einwand Theons gegenüber den vorhergehenden Ausführungen, in denen Epikur an einzelnen Beispielen widerlegt wird, hervorgehoben und erhält auch durch den dialogischen Aufbau das Gewicht, das ihm vom Inhalt her zukommt. Das Fehlen seelischer Freuden in Epikurs Lustlehre, auf das die erste Zwischenbemerkung aufmerksam gemacht hatte, wird so durch die zweite betont als widersinnig herausgestellt.

Danach fordert Plutarch Theon zur Fortsetzung der Rede auf[50], und Theon wiederum Aristodem, aber dieser will das Wort noch nicht ergreifen und ermuntert Theon, selbst fortzufahren, damit es nicht so aussieht, als ob er keinen Mut hätte, weiter gegen die Epikureer vorzugehen. Diese Bemerkung gibt Theon Gelegenheit, den Rest seiner Rede als leicht zu bezeichnen. Während die Zwischenbemerkungen für den ersten und zweiten Teil von Theons Rede jeweils einen entscheidenden Gedanken hervorheben, wird der ganze dritte Teil von vornehrein als weniger gewichtig dargestellt; Plutarch nimmt hier die Betonung zurück, um sie danach umso mehr auf die nächste Rede zu legen.

Der nächsten Rede geht eine szenische Veränderung voraus, die einzige in

---

46. 15, 1096 f. 1097 a.
47. 14, 1096 d–f.
48. 14, 1096 e. f ist überliefert λέληθας συνεπισυκοφαντῶν und λελήθασιν ἔνιοι συκοφαντοῦντες. Beides paßt nicht zu der folgender Erwiderung von Plutarch („**du** bist freigesprochen..."). Man muß daher den Text mit *Bernardakis* in λέληθα συνεπισυκοφαντῶν verbessern (so auch *Pohlenz*). *Einarson/de Lacy* übernehmen die Lesart λελήθασιν ἔνιοι συκοφαντοῦντες und erklären, daß hier möglicherweise eine Erwiderung auf einen Einwand gegen adv. Col. vorliege. Ich sehe aber keine Stelle in adv. Col., zu der Kapitel 14 von non posse eine nähere Ausführung sein könnte. An der von *Einarson/de Lacy* angeführten Stelle adv. Col. 18, 1118 d. e wird zwar dieselbe Voraussetzung wie im 14. Kapitel von non posse gemacht, daß der Mensch auch nach epikureischer Lehre aus Leib und Seele bestehe, aber nicht diese Voraussetzung, sondern die daraus abgeleitete Anklage läßt Theon sich in non posse bestätigen.
49. Das Mißverständnis *Hirzels* von ἡμῖν γε κριταῖς (15, 1096 f), wonach Plutarch und Zeuxipp die Rolle von Richtern in einem Wettstreit innehaben (II S. 222; von *Hirzel* ist es wohl bei *W. Christ/W. Schmid*, Geschichte der griechischen Litteratur, Bd II, 1, München 1920, S. 493 übernommen), ist von *Ziegler* RE VA, Sp. 2066 richtiggestellt: Plutarch nimmt hier nur das in Theons Frage enthaltene Bild einer Gerichtsverhandlung auf.
50. Dieselbe Art der Zwischenbemerkung, daß der Redner die Hörer fragt, ob sie zustimmen, und diese nach ihrer Zustimmung den Redner zur Fortsetzung seiner Rede – hier mit einer Frage – bewegen, auch de E ap. Delph. 15, 391 b; 16, 391 d; de soll. an. 5, 988 e. f; vgl. *Kahle* S. 48.

non posse: die Gesprächsteilnehmer beenden das Umhergehen und lassen sich auf Bänken nieder[51]. Dieses Motiv des Sich-Setzens findet sich in den plutarchischen Dialogen öfter und weist immer auf einen starken sachlichen Einschnitt hin[52]. Entweder bezeichnet Plutarch auf diese Weise das Ende eines Vorgespräches[53] oder wie hier und in de fac. in orbe lun. einen Wendepunkt innerhalb des Hauptgespräches[54]. Tatsächlich beginnt mit Aristodems Rede etwas Neues. Was Theon zu Beginn und im Verlauf seines Vortrags angekündigt hatte, die epikureische Lustlehre und die wahren seelischen Freuden[55], ist behandelt worden. Die Ablehnung der körperlichen Lust und der Preis der Freuden aus Denken und Handeln bilden einen abgeschlossenen Gedankengang, der sich an die traditionelle Vorstellung von den drei Lebensformen – Genußleben, politisches und philosophisches Leben – anschließt[56] und dem nichts mehr hinzugefügt werden müßte.

Plutarch läßt jedoch in den letzten Sätzen von Theons Vortrag schon Begriffe einfließen, die auf die nächste Rede verweisen. Es geht dort um die Freuden des Ruhms, und neben den Beispielen eines ruhmlosen untätigen Lebens wird auch ἀθεότης, neben den Beispielen für ein ruhmvolles tätiges Leben werden auch Orakel, Wahrsagekunst und göttliche Vorsehung genannt[57]. Darauf bezieht sich Zeuxipp, der das Wort ergreift, nachdem die Gesprächsteilnehmer sich gesetzt und eine Weile geschwiegen haben: mit Mantik und Pronoia habe Theon das Thema für den Rest der Untersuchung angedeutet, der jetzt noch ausgeführt werden muß[58]. So steht neben dem trennenden Element des szenischen Ein-

---

51. 20, 1100 e.
52. Vgl. *Hirzel* II S. 187, 190, 198, 206.
53. De def. or. 6, 412 d; de E ap. Delph. 1, 385 a; de Pyth. or. 17, 402 c. *Görgemanns*, Untersuchungen S. 51 Anm. 35 weist darauf hin, daß Cicero regelmäßig auf diese Weise Vor- und Hauptgespräch scheidet, und daß das gemeinsame Vorbild für Cicero und Plutarch Platons Phaidros sein dürfte.
54. De fac. in orbe lun. 24, 937 d ganz ähnlich wie in non posse: καταπαύσαντες τὸν περίπατον καὶ καθίσαντες ἐπὶ τῶν βάθρων. Auch in de fac. in orbe lun. ist dies die einzige szenische Veränderung. *Görgemanns* sieht in ihr eine tiefere Beziehung zur Sache als nur die der äußerlichen Zweiteilung: während des περίπατος ist die Erörterung wissenschaftlich-polemisch, für den Mythos nimmt man die ruhigere und rezeptive Haltung des Sitzens ein (Untersuchungen S. 51). In non posse ist die Argumentationsweise von Aristodem dieselbe wie in Theons Vortrag: er schildert die Freuden, die den Epikureern entgehen, und weist nach, daß sie ihnen entgehen (s. u. S. 19). Man könnte aber annehmen, daß für die religiösen Fragen das ruhige Sitzen eine andächtigere Haltung ausdrückt als das Umhergehen.
55. 3, 1087 d: νῦν δὲ χρησώμεθα τοῖς διδομένοις ὑπ' αὐτῶν.
9, 1092 e: ἃς ἄξιον καὶ δίκαιον εὐφροσύνας καὶ χαρὰς νομίζεσθαι ...
56. Genaueres darüber s. u. S. 41. 48.
57. 19, 1100 c. d.
58. 20, 1100 e ergänzt man nach ὑποβέβληκε am einfachsten τοῦτο, s. *L. Castiglioni*, Gnom. 26, 1954, S. 83.

schnitts eine verbindende Linie, die über die letzten Worte Theons hinaus bis in den ersten Teil seines Vortrags reicht, wo er bereits kurz von der Angst vor den Göttern und dem Hades, die Epikurs Lehre beseitigen will, gehandelt hatte[59]. Mit dem Vortrag von Aristodem setzt zwar ein neuer Gedankengang ein – daher der szenische Einschnitt –, er bleibt aber in dem Rahmen, der durch Theons Vortrag gegeben ist, indem er an einem weiteren Beispiel ausführt, welche Freuden die Epikureer nicht haben[60].

Am Schluß seiner Rede weist Aristodem auf die Trostlosigkeit der epikureischen Vorstellung von der Auflösung der Seele im Tod hin. Dann bricht er seinen Vortrag mit der Begründung ab, daß sie vor kurzem eine erschöpfende Erwiderung Plutarchs gehört hätten „gegen diejenigen, die behaupten, daß die Lehre Epikurs über die Seele uns dem Tod gelassener und freudiger entgegensehen lasse als die Lehre Platons". Zeuxipps Frage, ob die begonnene Erörterung deswegen unvollendet bleiben und man sich scheuen soll, gegen Epikur noch einmal dasselbe zu sagen, wird von Plutarch verneint. Er fordert Theon zum Weiterreden auf, da dieser den Vortrag auch gehört habe[61] und jung genug sei, um ihn noch in Erinnerung zu haben.

Es fällt auf, daß Plutarch mit diesem Zwischengespräch die dritte und letzte Rede von non posse so eindringlich als Wiedergabe eines eigenen Vortrags und mit dem Hinweis auf Theons gutes Gedächtnis sogar als ganz getreue Wiedergabe kennzeichnen will. Auch alles andere, was die beiden Schüler im Verlauf des Dialogs vorbringen, muß ihnen ja einmal von ihrem Lehrer Plutarch beigebracht worden sein, damit sie es jetzt reproduzieren können. Warum wird von der letzten Rede darüberhinaus gesagt, daß sie sich genau an die Worte des Meisters hält?

Es könnte sein, daß Plutarch hier auf eine eigene Schrift zurückgreift[62]. Dann gäbe die Zwischenbemerkung eine Begründung dafür, daß er sich hier wieder-

---

59. 8, 1091 f–1092 d.
60. 9, 1092 d: ὧν δ' ἑαυτοὺς ἀφαιροῦνται καὶ ἀπελαύνουσιν, σκοπῶμεν.
61. 24, 1104 a muß der überlieferte Text οὐ γὰρ αὐτὸν οἶμαι παρεῖναι τοῖς τότε λεχθεῖσιν geändert werden, denn in der Fortsetzung des Satzes ist Theons Anwesenheit bei dem Vortrag vorausgesetzt. Man kann mit *Bernardakis* μή vor παρεῖναι oder mit *Post* μόνον vor αὐτόν ergänzen. Zu der Fortführung des Satzes mit ἀλλὰ καί paßt μόνον am besten. *Pohlenz* fügt παρέργως vor παρεῖναι ein; παρέργως, „oberflächlich", „ungenau", paßt aber schlecht zu παρεῖναι und wird bei Plutarch nur mit Verben wie hören, prüfen u.ä. verbunden (s. Index *Wyttenbach* s.v.). *Einarson/de Lacy* ändern αὐτόν in ἀργόν: in diesem Fall vermißt man aber ein Pronomen zu ἀργόν.
62. Der Lamprias-Katalog, der aber unvollständig ist (s. *Ziegler* Sp. 65), gibt dafür keinen Anhalt. *Görgemanns* (Untersuchungen, S. 61 Anm. 71) hat darauf hingewiesen, daß die von *Pohlenz* im Apparat genannten Titel theologischer Schriften (Nr. 226 und 117) keine Polemik gegen Epikur, die Titel der antiepikureischen Schriften keine Behandlung des Jenseitsglaubens erkennen lassen.

holt: die Widerlegung Epikurs wäre sonst nicht vollständig. In diesem Fall müßte Theons Vortrag einen neuen, selbständigen Gedankengang aufweisen. Gleich mit den ersten Worten schließt sich Theon aber eng an die vorangegangene Rede an: er will von Aristodem die Einteilung der Gläubigen in Schlechte, Mittelmäßige und Gute übernehmen[63]. Wie in Aristodems Rede bestimmt diese Einteilung grundlegend die Argumentation. So führt Theons Untersuchung der Jenseitserwartung auf dem selben Weg zum gleichen Ergebnis wie Aristodems Rede über den Götterglauben: die Schlechten, die nur Furcht haben, ziehen doch Nutzen aus dieser Furcht; bei den Mittelmäßigen, die sowohl Furcht wie Freude und Hoffnung kennen, überwiegen Hoffnung und Freude; die Guten haben nur Hoffnung und Freude. Aristodems und Theons Rede sind also so eng aufeinander bezogen, daß Theons Rede nicht als Wiedergabe einer anderen Schrift Plutarchs abgetrennt werden kann.

Dann ist der in der Zwischenbemerkung genannte Vortrag eine Fiktion[63a], durch die Plutarch das Folgende unter seinen Namen stellen will. Das Problem der Jenseitserwartung ist ihm offenbar zu bedeutend, um es ohne weiteres einem jüngeren Schüler in den Mund zu legen. In diesem Thema gipfelt die Argumentation der ganzen Schrift: die Freuden aus dem Erkennen, aus dem Handeln und aus dem Götterglauben sind alle auf die begrenzte Lebenszeit der Menschen beschränkt, während der Jenseitsglaube ewige Freuden verheißt. Ebenso wird auch in de sera num. vind. die letzte und entscheidende Lösung des Theodizee-Problems im Jenseitsglauben gefunden[64]. Weil die Frage der Jenseitserwartung so wichtig ist, will Plutarch also den letzten Teil von non posse sich selbst vorbehalten. Andererseits soll dieser Dialog seinen Schülern Theon und Aristodem gewidmet sein[65]: deshalb läßt er durch die Fiktion des Vortrags einen von ihnen in seiner Vetretung sprechen[66].

63. 25, 1104 a, s. *Görgemanns* S. 61 f.
63a. Vgl. *Görgemanns* S. 62.
64. Dargestellt im Mythos (22, 563 b–33, 568 a). In non posse, wo sowohl die Göttervorstellungen wie die Jenseitserwartungen der einzelnen Gruppen immer nur kurz charakterisiert werden, wäre ein Mythos, der die Ansichten der Guten wiedergeben könnte, zu ausführlich.
65. S. o. S. 12.
66. Diese Form, daß Plutarch innerhalb eines Dialoges einen Vortrag rekapitulieren läßt, den er ausdrücklich als seinen eigenen bezeichnet, findet sich nur in non posse. In de san. tuen. referiert Zeuxipp nach einem Rahmengespräch den Vortrag eines ἑταῖρος, den man mit Plutarch identifizieren kann. Durch das Rahmengespräch wird Plutarchs Verbindung von Philosophie und Medizin verteidigt, und dem Leser so die rechte Einstellung zu dem folgenden Vortrag nahegebracht, s. *Kahle* S. 27; *Görgemanns*, Untersuchungen S. 59 f. Komplizierter ist die Form in de fac. in orbe lun. Lamprias und Lucius beziehen sich über weite Teile der Schrift auf die διατριβή eines ἑταῖρος, referieren sie jedoch nicht, sondern haben sich ihren Inhalt selbst angeeignet und gehen argumentierend damit um, s. *Görgemanns* a. a. O. S. 41. Der ἑταῖρος kann nicht ohne

Weil Theons Bemerkung zu Beginn seiner Ausführungen die ursprüngliche Zusammengehörigkeit der beiden letzten Reden erkennen läßt, hält *Görgemanns* es für möglich, daß der Hinweis auf Plutarchs Vortrag nicht nur die oben beschriebene Funktion hat, sondern in einem anderen Sinn auch auf die vorangegangene Rede bezogen werden soll[67]. Das höhere Maß an Originalität, das die beiden letzten Reden gegenüber der ersten aufweisen, ließe Plutarch auf diese Weise in der Gestaltung des Dialogs, wenn auch versteckt, durchblicken. Für die auffällige Erscheinung, daß dann der szenische Einschnitt gegenüber der sachlichen Gliederung, die er hervorheben soll, verschoben ist, verweist *Görgemanns* auf den Beginn des 16. und des 24. Kapitels von de fac. in orbe lun.[68]. Dort wird beide Male ein Thema angekündigt, das aber nicht unmittelbar nach der entsprechenden Bemerkung, sondern erst nach einem andersartigen Einschub behandelt wird. Dieses Verfahren ist aber wesentlich einfacher als das, was *Görgemanns* in non posse vermutet: der Leser weiß dort, was folgen soll, und erkennt den Einschub als solchen auch schon daran, daß eine andere Person als angekündigt das Wort ergreift. In non posse dagegen müßte er die ausdrückliche Bemerkung, daß die *folgende* Rede einen Vortrag Plutarchs darstellt, nach dem Inhalt dieser Rede auch auf die vorangegangene beziehen. Das erscheint zu kompliziert, um einen beabsichtigten Hinweis Plutarchs auf die Originalität der beiden letzten Reden darzustellen.

4. Die Funktion der dialogischen Gestaltung

Das Hauptgewicht des Dialoges liegt auf der Argumentation gegen die Epikureer. Wenn Plutarch diese in einen dialogischen Rahmen stellt, wollte er sie vor allem in einer gefälligen Form darbieten. „Es schien ihm nicht ohne Grund, daß diese Form die Gegenstände, die sich für sie eignen, interessanter macht, daß sie der Philosophie eine lebendige und dramatische Note gibt und so dazu beiträgt, die ausgeführten Gedanken durch äußere Anmut in Geltung zu setzen"[69]. Diese Funktionen erfüllt vor allem das lebhafte Wechselgespräch, das der eigent-

---

weiteres mit Plutarch gleichgesetzt werden. In einer detaillierten Analyse der διατριβή zeigt *Görgemanns* (a. a. O. S. 66–78), daß im Dialog Lamprias und nicht der ἑταῖρος für Plutarch spricht, daß die διατριβή aber trotzdem als Werk Plutarchs anzusehen ist: „aus dem ἑταῖρος spricht ein anderer Plutarch, ein Plutarch, der sich in physikalisch-astronomischen Fachfragen auskennt ... Seine Anonymität ist ... ein Symbol für die – relative – Fachgebundenheit und stoffliche Beschränkung des Themas" (a. a. O. S. 78).
67. Untersuchungen S. 61 f.
68. Vgl. a. a. O. S. 46 f. 51 f.
69. *A. et M. Croiset*, Histoire de la littérature Grecque, Bd V, Paris 1928, S. 494.

lichen Auseinandersetzung vorangestellt ist und den Leser auf die folgenden Darlegungen einstimmen soll.

Außerdem gibt Plutarch, wie wir gesehen haben, durch die dialogische Gestaltung auch Hinweise zur Sache: durch die Zwischenbemerkungen hebt er die Gliederung des Gedankengangs hervor und legt einzelnen Gedanken mehr oder weniger Gewicht bei[70]. Nach dieser Gliederung besteht die Argumentation in non posse aus fünf Teilen:
1. Die Widerlegung der epikureischen Lustlehre.
   Darauf folgen die Freuden, die den Epikureern fehlen, nämlich:
2. Die Freuden aus dem Erkennen,
3. Die Freuden aus dem Handeln,
4. Die Freuden aus dem Götterglauben,
5. Die Freuden aus der Jenseitshoffnung.

Von diesen fünf Teilen sind die ersten drei dadurch verbunden, daß sie in *einer* Rede vorgetragen werden, während für den vierten und fünften Teil der Redner jeweils wechselt. Dadurch und durch den szenischen Einschnitt vor dem vierten Teil bilden die ersten drei Teile gegenüber den letzten beiden eine gewisse Einheit. So ergeben sich durch die Untersuchung des dialogischen Rahmens erste Anhaltspunkte für die folgende Interpretation des Gedankengangs.

---

[70]. Plutarchs dialogische Kunst ist ohne Wirkung geblieben: der nachfolgende christliche Dialog hat sich nur an die Klassiker Cicero und Platon gehalten. Vgl. *B. R. Voss*, Der Dialog in der frühchristlichen Literatur, München 1970, S. 353.

II Die Widerlegung der epikureischen Lustlehre (Kap. 3-8)

Die Widerlegung der epikureischen Lustlehre gliedert sich in vier Abschnitte. In jedem Abschnitt wird ein Punkt der epikureischen Lehre in einem Zitat vorgestellt und dann auf mehrere Weisen angegriffen.

1. Die Lust des Fleisches (3, 1087 d-1088 d)

Plutarch beginnt die Polemik gegen die Epikureer mit einem Zitat von Metrodor: „Sie glauben, das Gut liege im Bauch und in allen anderen Öffnungen des Fleisches, durch die Lust und nicht Schmerz eindringt; und alle vortrefflichen und klugen Erfindungen seien um der Lust des Bauches willen und der guten Erwartung für diese entstanden, wie der weise Metrodor gesagt hat."[1] Auf die zweite Hälfte dieses Zitates, die vom Verhältnis des geistigen Bereichs zu dem im Körper lokalisierten höchsten Gut spricht, geht Plutarch in seiner Polemik nicht ein[2]. Seine Angriffe richten sich ausschließlich gegen die Bestimmung des höchsten Gutes, die im ersten Teil des Zitates steht.

Die dort genannten πόροι, durch die die Lust eindringt, sind die Öffnungen der Sinnesorgane[3]. Wie aber soll man die zunächst absurd erscheinende Behauptung verstehen, daß der Schmerz durch sie nicht eindringt? Für diese Schwierigkeit sind verschiedene Lösungen vorgeschlagen worden. *Bignone* nimmt an, daß diese Aussage weder von einem Epikureer noch von Plutarch stammen kann, und streicht daher καί μὴ ἀλγηδών als Glossem[4]. *Diano* versteht ἀλγηδών als ἀλγηδών κατ' ἔνδειαν, so daß hier von den ἡδοναί die Rede wäre, die keine Mangelerscheinung voraussetzen, und das sind nach Epikurs Definition die

---

1. Metrodor frg. 7 *Koerte*. Daß auch der erste Teil des Zitates von Metrodor stammt, geht aus non posse 16, 1098 c. d hervor: ... τὰ Μητροδώρου ... „περὶ γαστέρα ... τὸ ἀγαθόν."
2. Das ist wohl der Grund, warum Plutarch diesen Teil des Ausspruchs von Metrodor hier in einer kürzeren Fassung bringt als adv. Col. 30, 1125 b (= frg. 6 *Koerte*), wo er die tierische Lebensweise der Epikureer zeigen will. Die Fassung in adv. Col. kommt dem Original also wahrscheinlich näher, vgl. auch *Westman* S. 210.
3. Vgl. adv. Col. 5, 1109 c: αἱ δὲ πολυθρύλητοι συμμετρίαι καὶ ἁρμονίαι τῶν περὶ τὰ αἰσθητήρια πόρων ..., quaest. conv. IV, 2, 666 a. b.
4. Studi S. 258 f.

kinetischen ἡδοναί[5]. Die Schwäche des epikureischen Zitates läge dann darin, daß allgemein vom Schmerz gesprochen wird, aber nur eine spezielle Art von Schmerz gemeint ist. Dies ist nach *Diano*s Auffassung auch der Einwand, den Plutarch im folgenden anbringt[6]. Zuletzt hat *Pohlenz* vorgeschlagen, μὴ ἀλγηδών wie ἀπονία zu verstehen[7]. In diesem Fall wäre im Gegensatz zu *Diano*s Deutung gerade auch von der Lust die Rede, die einen Mangel behebt, also der katastematischen Lust nach Epikurs Wortgebrauch[8].

Wie Plutarch μὴ ἀλγηδών verstanden hat, kann nur aus seiner Erwiderung erschlossen werden. Nach dem Metrodor-Zitat fährt er fort: „Sogleich, mein Freund, ist ganz offenbar, daß sie eine armselige und morsche Grundlage für das Gut annehmen, die nicht beständig ist, sondern die durch diese Öffnungen, durch die sie die Lustempfindungen hereinlassen, auch für die Schmerzen in gleicher Weise durchlöchert ist, ja eher Lust nur für wenige, Schmerz aber für alle Glieder aufnimmt". Diese Entgegnung ist nur sinnvoll, wenn Plutarch den Relativsatz (πόρους), δι' ὧν ἡδονὴ καὶ μὴ ἀλγηδών ἐπεισέρχεται kondizional verstanden hat: das Gut liegt in den Öffnungen des Fleisches, wenn Lust und nicht Schmerz durch sie eindringt. Aus dieser epikureischen Bestimmung folgert Plutarch: also ist die Grundlage der Lust auch von Schmerz bedroht. Und er fügt als eigenes polemisches Argument hinzu: der Schmerz breitet sich über alle Teile des Körpers aus, die Lust nur über wenige. Es gibt also keinen Grund, καὶ μὴ ἀλγηδών zu streichen[9], und keinen Hinweis, daß Plutarch ἀλγηδών als ἀλγηδών κατ' ἔνδειαν oder μὴ ἀλγηδών als ἀπονία verstanden hat.

Die Behauptung, daß der Schmerz alle, die Lust aber nur wenige Teile des Körpers erfaßt, wird mit Beispielen belegt: für manche Teile des Körpers, wie Gelenke, Sehnen, Füße und Hände gibt es schlimme Schmerzen, aber keine Lust[10], und wenn im Körper Lust auftritt wie beim Geruchs- und Geschmacks-

---

5. Diog. Laert. X, 136; Cic. de fin. II, 9.
6. Questioni S. 848–853.
7. Entsprechend übersetzen *Einarson/de Lacy*: „... all other passages of the flesh through which pleasure and non-pain make their entrance."
8. Vgl. o. Anm. 5.
9. Daß adv. Col. 30, 1125 a der erste Teil des Metrodor-Fragments ohne καὶ μὴ ἀλγηδών wiedergegeben wird, ist kein Argument für *Bignone*s These (Studi S. 259), sondern zeigt nur, daß Plutarch nach seinem jeweiligen Interesse frei zitiert, vgl. o. Anm. 2. Daß *Bignone* nicht begründen kann, warum ein Glossator καὶ μὴ ἀλγηδών hinzufügen sollte, weist *Diano* nach (Questioni S. 849).
10. 3, 1087 e, p. 127, 13 ist überliefert πᾶσα γὰρ ἡδονή. *Bignone* und *Diano* nehmen im Anschluß an *Madvig* nach diesen Worten eine Lücke an. *Madvig*s und *Bignone*s Ergänzungen widerlegt *Diano*, Questioni S. 853 f. Seine eigene Ergänzung (πᾶσα γὰρ ἡδονὴ περὶ ⟨τὰ αἰσθητήριά ἐστιν, ἀλγηδών δὲ περὶ⟩) ergibt zwar einen guten Sinn, wesentlich einfacher ist aber die bei *Pohlenz* vorgeschlagene Änderung von πᾶσα zu ποία. *Einarson/de Lacy* verbessern stattdessen in πόση, was aber dem Gedankengang nicht genau entspricht: es soll ja gezeigt werden, daß es in manchen Teilen des Körpers gar keine Lust gibt.

sinn, ist sie auf eine kleine Stelle beschränkt; umgekehrt gibt es keine Körperteile, die gegen den Schmerz von Feuer, Stichen, Bissen oder Schlägen unempfindlich sind, und manche Schmerzen wie die von Hitze, Kälte und Fieber erfassen zugleich den ganzen Körper. Daß in den Gelenken und Sehnen die stärksten Schmerzen vorkommen, scheint eine allgemeine Auffassung gewesen zu sein. Auch von den Epikureern werden Gelenke und Sehnen als besonders dem Schmerz ausgesetzte Stellen des Körpers genannt, allerdings um ihre Schwäche und damit die Kürze des Schmerzes aufzuweisen[11]. Die antiepikureische Polemik dagegen benutzt dasselbe Beispiel, um zu zeigen, daß entsprechende Lustempfindungen in diesen Bestandteilen des Körpers fehlen, und beweist so das Übergewicht des Schmerzes in der Ausbreitung über den Körper[12].

Die Tatsache, daß es Körperteile gibt, die keine Lust kennen, nahm nach einem Bericht bei Cicero auch Chrysipp als Ansatzpunkt für die Kritik an Epikur[13]. Die Argumentation verläuft aber anders als bei Plutarch. Chrysipp konstatiert, daß die Hand im Normalzustand nichts vermißt, und folgert daraus: wenn die Lust ein Gut wäre, müßte sie etwas vermissen, also ist die Lust kein Gut. Dagegen wendet der epikureische Sprecher bei Cicero ein: Chrysipps Schluß trifft auf Epikurs Lehre nicht zu, denn da Epikur die Schmerzlosigkeit als höchste Lust ansieht, ist nach seiner Definition die Hand im Zustand der Lust. Dasselbe Argument erweist auch Plutarchs Polemik als unbegründet, denn in allen Körperteilen findet sich Schmerzlosigkeit und also nach Epikurs Lehre höchste Lust. Epikurs Definition der Schmerzlosigkeit als höchste Lust behandelt Plutarch im dritten und vierten Abschnitt seiner Widerlegung, hier im ersten Abschnitt nimmt er diese Definition nicht zur Kenntnis, sondern setzt bei seiner Polemik voraus, daß Epikur die Lust im allgemeinen Verständnis – das ist nach Epikurs Unterscheidung die kinetische Lust[14] – als höchstes Gut angesehen habe.

Wenn er diese Anschauung aus dem Metrodor-Zitat herausliest, muß er es mißverstanden haben. Wie *Diano* nachgewiesen hat, ist am Anfang des Zitates

---

11. Seneca ep. 78, 8 f. *Bignone* hat auf diese Stelle aufmerksam gemacht und sie zurecht zusammen mit dem vorausgehenden Paragraphen (vgl. *Usener* p. 291, 35 ff.) Epikur zugeschrieben (Studi S. 260 f.; Aristotele II S. 176–179).
12. *Bignone*s Annahme, daß sich die bei Plutarch bewahrte akademische Kritik (vgl. u. S. 41) gegen die bei Seneca erhaltene epikureische Argumentation richte (so Studi S. 260 f.), oder umgekehrt, daß Epikur mit diesem Gedankengang auf die akademische Kritik antworte (so Aristotele II S. 176–179), ist nicht überzeugend. *Bignone* berücksichtigt nicht, daß die Argumentation an beiden Stellen in eine verschiedene Richtung geht: die akademische Kritik behandelt die örtliche Ausdehnung von Lust und Schmerz, die epikureische Argumentation dagegen die zeitliche Dauer des Schmerzes.
13. De fin. I, 39 = SVF III 158.
14. 3, 1087 e, p. 127, 18 f: χωρίον ... τὸ κινούμενον λείως καὶ προσηνῶς, vgl. adv. Col. 27, 1122 e (frg. 411 Us.).

mit dem Gut, das im Bauch liegt, die katastematische Lust gemeint: γαστήρ ist hier im eigentlichen Sinn gebraucht und bezeichnet also den Verdauungsapparat, der nur den Mangel und die Behebung des Mangels spüren kann[15]. Unter der Lust der Sinnesorgane versteht auch Metrodor die kinetische Lust – ob nun κατ' ἔνδειαν zu ἀλγηδών zu ergänzen ist oder der Relativsatz auch bei Metrodor einen kondizionalen Sinn hat[16] –, so daß die Aussage des ersten Teils des Fragmentes lautet: das Gut liegt in der katastematischen und in der kinetischen Lust. Plutarch, nach dessen Interpretation in diesem Zitat nur von der kinetischen Lust die Rede ist, muß dann γαστήρ im weiteren Sinn verstanden haben, der alle am Essen beteiligten Organe einschließt, also auch Geruch und Geschmack[17].

Nach der örtlichen behandelt Plutarch die zeitliche Ausdehnung von Lust und Schmerz: die Lust dauert immer nur kurz wie Sternschnuppen, der Schmerz dagegen lang, das zeigt das Beispiel von Philoktet[18]; wie mit Ankern

---

15. Questioni S. 850–853. *Diano* verweist vor allem auf Epikur frg. 409 Us., von dem das Metrodor-Fragment sichtlich abhängt: ἀρχὴ καὶ ῥίζα παντὸς ἀγαθοῦ ἡ τῆς γαστρὸς ἡδονή. καὶ τὰ σοφὰ καὶ τὰ περιττὰ ἐπὶ ταύτην ἔχει τὴν ἀναφοράν. Wenn ἡ τῆς γαστρὸς ἡδονή hier als Ursprung jeglichen Gutes bezeichnet wird, muß damit die katastematische Lust gemeint sein. *Diano*s Interpretation von Epikur frg. 409 Us. bzw. Metrodor frg. 7 *Koerte* übernehmen *Westman* (S. 207–210), *W. Schmid* (RAC V, 1961 Sp. 721), *G. Arrighetti* (Epicuro, Opere, Turin 1960, frg. 201), *Steckel* (S. 144 Anm. 6).
16. Daß auch bei Metrodor mit μὴ ἀλγηδών nicht ἀπονία gemeint ist, wie *Pohlenz* annimmt (s.o. S. 21), hat *Steckel* gezeigt (S. 196 Anm. 16).
17. Da Plutarch hier nur von den Lustempfindungen der Sinne spricht, ist es vollkommen zutreffend, wenn sie an den äußeren Enden des Körpers lokalisiert werden: αἱ δ' ἡδοναὶ καθάπερ αὖραι πρὸς ἑτέραις ἕτεραι τοῦ σώματος ἄκραις ἐπιγελῶσαι διαχέονται (3, 1087 f, p. 127, 23 f.). *Bignone*s Hinzufügung von ἀκμαῖς zu ἄκραις ist unverständlich (Studi S. 262 f.; vgl. *Diano*, Questioni S. 855 Anm. 3).
18. Zu den verschiedenen Versuchen, das Philoktet-Zitat zu rekonstruieren, s. *Nauck*, Aesch. frg. 252; *H. J. Mette*, Die Fragmente des Aischylos, Berlin 1959, frg. 396.

Für den sich anschließenden korrupten Text (3, 1088 a, p. 128, 5) ist eine befriedigende Verbesserung schwer zu finden. Bleibt man nahe am überlieferten Wortbestand wie *Pohlenz* (ὀλισθηρὰ γὰρ οὐκ ἔστιν ἡ ἀλγηδών, von *Einarson/de Lacy* mit veränderter Wortstellung übernommen) und *Bignone* (οὐδ' ὀλισθ<άν>ει ἡ ἀλγηδὼν ἕτερα τοιαῦτα κ.τ.λ., Studi S. 268), ist der verbesserte Beginn des Satzes sinnvoll und entspricht dem Kontext, der Rest des Satzes wird dann aber unverständlich (οὐδ' ἕτερα τοιαῦτα, κινοῦσα καὶ γαργαλίζουσα τοῦ σώματος, bzw. ohne οὐδέ bei *Bignone*, der es an den Beginn des Satzes stellt, was am Sinn aber nichts ändert). Vor allem ist auffällig, daß γαργαλίζειν, ein klassischer Ausdruck für die epikureische ἡδονή (vgl. Plutarch, an seni resp. ger. sit 5, 786 c; Epikur frg. 412; 413; 414 Us.), hier auf den Schmerz bezogen wird.

Auch Plutarch bezeichnet mit γαργαλίζειν immer lustvolle Erregung (nur cons. ad ux. 7, 610 d bezieht er es auf Schmerz, der aber als ganz leicht gekennzeichnet werden soll). *Bignone* vermutet daher in non posse eine ironische Wendung gegen Epikurs Aussage, daß bei langdauerndem Schmerz die Lust überwiegt (Sent. 4; Gnom. Vat. 4), und versteht den Satz so: der Schmerz bringt keine solchen anderen Bewegungen und Kitzel hervor – nämlich keine lustvollen, wie Epikur behauptet.

Wenn man diesen Gedankengang aus ἕτερα τοιαῦτα und γαργαλίζουσα erschließen

und Wurzeln senkt sich der Schmerz in das Fleisch und bleibt nicht nur Tage und Nächte, sondern oft mehrere Jahre, bis er von noch schlimmeren Schmerzen abgelöst wird. Die lange Dauer des Schmerzes und die kurze Dauer der Lust demonstriert Plutarch an Beispielen: keiner kann so lange essen, trinken und sich an der Gesellschaft seiner Freunde erfreuen, wie er Hunger, Durst und Folterqualen ertragen kann. Daß der Körper also in Schmerzen stark und ausdauernd, in Lust aber schwach und schnell gesättigt ist, beweist nach Plutarch wiederum – neben der örtlich begrenzten Aufnahmefähigkeit des Körpers für die Lust – die natürliche Untauglichkeit des Körpers zum lustvollen Leben.

An dieser Argumentation ist auffällig, daß die von Epikur gelehrte Korrelation zwischen der Intensität des Schmerzes und seiner Dauer nicht beachtet wird. Epikur behauptet ja nicht, daß der Schmerz generell kürzer dauert als die Lust, sondern unterscheidet zwischen starken Schmerzen, die nur kurz dauern, und langwährenden, bei denen die Lust im Körper überwiegt[19]. Die Widerlegung bei Plutarch, die nur von der Dauer der Schmerzen ausgeht ohne Rücksicht auf ihre Intensität, trifft auf Epikurs Lehre also nicht zu[20]. Cicero dagegen greift gerade die von Epikur behauptete Korrelation zwischen Dauer und Größe des Schmerzes an und nennt dementsprechend Philoktet ausdrücklich als Beispiel für langen und *großen* Schmerz[21], während Plutarch dieses Beispiel nur als Beleg für die Dauer von Schmerzen auswertet.

Die abschließende Bemerkung über die Schwäche des Körpers gegenüber Lust und die Stärke gegenüber Schmerzen steht im Gegensatz zu dem im Gnomologium Vaticanum überlieferten Ausspruch Epikurs: „Schwach ist die Natur gegenüber dem Schlechten, nicht gegenüber dem Guten; denn durch Lust wird sie bewahrt, durch Schmerzen aufgelöst."[22] Ob die Polemik bei Plutarch gegen diese oder eine ähnliche Aussage Epikurs gerichtet ist[23], oder ob

---

soll, müßte m.E. im Kontext ein deutlicher Hinweis auf die angesprochene epikureische Lehre zu finden sein, was aber nicht der Fall ist. Daher scheint mir die Konjektur von *Wyttenbach*, die allerdings den überlieferten Wortbestand stärker verändert, immer noch die beste zu sein: ὀλισθηρὸν γὰρ ἡδονή, οὐδὲ ταῦτα οὐδ' ἕτερα κ . τ . λ. In der lateinischen Übersetzung: lubricum et cito praeterlabens negotium voluptas, neque has neque similes corporis partes movens ac titillans.

19. Sent. 4; Gnom. Vat. 4; vgl. u. S. 66 mit Anm. 107.
20. Daß *Bignone*s Versuch, in dem korrupten Text 3, 1088 a, p. 128, 5 eine Erwiderung auf Sent. 4 zu finden, nicht überzeugt, s.o. Anm. 18. Daher halte ich es auch für unwahrscheinlich, daß mit οὐχ ἡμέρας (3, 1088 a, p. 128, 10) auf οὐ πολλὰς ἡμέρας aus Sent. 4 angespielt wird, wie *Bignone* vermutet (Studi S. 267).
21. De fin. II, 94.
22. Gnom. Vat. 37.
23. So *Bignone*, Studi S. 267 Anm. 3.

umgekehrt Epikur sich mit diesem Spruch gegen eine solche Polemik verwahrt, ist schwer zu entscheiden[24].

Bei dem Nachweis, daß der Schmerz gegenüber der Lust sowohl in seiner Ausbreitung über den Körper wie in seiner Dauer überwiegt, argumentiert Plutarch mit der allgemeinen Erfahrung. Aus welcher philosophischen Schule diese Argumentation stammt, läßt sich nicht erkennen. Von anderer Art ist die Entgegnung, die auf die besprochenen Ausführungen folgt[25]: hier wird den Epikureern vorgehalten, daß sie selbst zugeben, die körperliche Lust sei gering[26]. Zum Beleg führt Plutarch ein Zitat von Metrodor an, in dem dieser verächtlich von den körperlichen Lustempfindungen spricht, und ein weiteres von Epikur, der sagt, daß der Weise über unmäßige Schmerzen oft lache[27]. Wer körperlichen Schmerzen aber so wenig Gewicht beilegt, meint Plutarch, kann auch an den ἡδοναί nichts Bemerkenswertes finden.

Diese Methode, den Gegner mit seinen eigenen Argumenten zu widerlegen, stammt aus der skeptischen Akademie und wird von Plutarch in non posse und in anderen polemischen Schriften oft angewandt[28]. Fragt man nach dem Sinn der angeführten Zitate bei Metrodor und Epikur, so löst sich der von Plutarch beobachtete Widerspruch leicht. Metrodor spricht zweifellos von der kinetischen Lust, die ein Epikureer unter bestimmten Umständen verachten kann, da nicht sie, sondern die katastematische Lust das ἀγαθόν darstellt[29]. Und da

---

24. Aristotele I S. 348 f erklärt *Bignone* Gnom. Vat. 37 als Gegenpolemik Epikurs gegen die akademisch-peripatetische Polemik, wie sie bei Maximos von Tyros (XXI, 5; XXXIII, 7) erhalten ist. Daß Gnom. Vat. der Gegenpolemik dient, ist wegen der Form des Spruches wahrscheinlich (s. *Steckel* S. 50 Anm. 19), fraglich bleibt aber, ob eine Polemik wie die bei Maximos von Tyros oder eine derartige wie bei Plutarch den Anlaß gab.
25. 3, 1088 b–d, p. 129, 1–19.
26. Statt des überlieferten ἂν ἅπτωνται (3, 1088 b, p. 129, 3) liest man am besten mit *Pohlenz*: εἰς τὸ σῶμα μόνον ἀνάπτοντες. *Bignone*s Konjektur ὧν ἂν ἅπτωνται (Studi S. 275 f.) ist unverständlich, vgl. *Diano*, Questioni S. 856 f. *Diano*s Verbesserung εἰς τὴν ἀπονίαν ἀνάπτοντες (Questioni S. 656–668) setzt voraus, daß Plutarch die folgenden epikureischen Zitate richtig verstanden hat. Daß dies nicht der Fall ist, zeigt aber die auf das Epikur-Zitat folgende Frage, in der wieder von der kinetischen Lust die Rede ist.
27. Metrodor frg. 62 *Koerte*; Epikur frg. 600 Us.
28. Zur Herkunft aus der skeptischen Akademie vgl. *de Lacy* S. 82. In non posse findet sich diese Methode nur hier in der Form, daß ein direkter Widerspruch zwischen zwei epikureischen Aussagen gezeigt wird. An anderen Stellen kommt der Widerspruch erst unter einer bestimmten, von Plutarch hinzugefügten Voraussetzung zustande (13, 1095 c. d; 15, 1097 a. b; 18, 1099 d. e). Noch mehr von Plutarchs philosophischen Voraussetzungen ist der angebliche Widerspruch abhängig, wenn Plutarch eine epikureische Aussage auf einen anderen, von Plutarch aus gesehen analogen Sachverhalt überträgt (6, 1090 c. d; 20, 1101 a. b). Zu adv. Col. vgl. *Westman*, S. 111 f.; zu den antistoischen Schriften *Babut* S. 36–42; zu de fac. in orbe lun. *Görgemanns*, Untersuchungen S. 75.
29. Epic. ep. III, 129; vgl. *Diano*, Questioni S. 858 f.

diese nach epikureischer Lehre gegenüber dem Schmerz immer überwiegt, kann Epikur Schmerzen, die sonst als übermäßig gelten, als gering ansehen[30]. Plutarch kann hier nur deshalb einen Widerspruch konstatieren, weil er im ersten Abschnitt seiner Polemik von der falschen Annahme ausgeht, daß Epikur die kinetische Lust für das höchste Gut gehalten habe.

Die letzte Widerlegung in diesem Abschnitt greift Epikurs Lustlehre wieder in der Sache an und bezieht sich daher zu Beginn auf die ersten beiden Widerlegungen. Sie lautet wörtlich: „Auch wenn sie (sc. die Lustempfindungen) weder an Dauer noch an Ausdehnung über den Körper hinter den Schmerzen zurückstehen, sind sie doch mit Schmerzen verbunden, und Epikur hat ihnen als gemeinsame Grenze die Aufhebung jedes Schmerzes festgesetzt, da die Natur bis zur Entfernung des Schmerzes die lustvolle Empfindung steigere, ein weiteres Anwachsen ihrer Größe aber nicht zulasse, sondern nur Variationen, die nicht notwendig sind, gestatte, wenn die Lust im schmerzfreien Zustand erfahren wird. Der Weg dorthin aber, der mit Verlangen verbunden ist und das Maß der Lust darstellt, ist ganz kurz und knapp."[31]

Der Gedankengang ist hier sehr gedrängt. Es werden zwei Argumente gegen die körperliche Lust als höchstes Gut vorgebracht, die auch gelten sollen, wenn der Schmerz nicht, wie vorher dargestellt, gegenüber der Lust im Körper überwiegt: 1. Lust ist mit Schmerz vermischt, 2. Lust dauert nur kurz. Das zweite Argument erscheint als Folgerung aus einer von Epikur selbst gegebenen Bestimmung über die Grenze für das Anwachsen der Lust[32].

Daß Epikur die Aufhebung des Schmerzes als Grenze für die Größe der Lust angesehen hat, bezeugt der Beginn der dritten κυρία δόξα, auf die sich Plutarch auch an anderer Stelle beruft[33]: ὅρος τοῦ μεγέθους τῶν ἡδονῶν ἡ παντὸς τοῦ

---

30. Sent. 4; *Diano*, Questioni S. 862–866.
31. 3, 1088 c. d, p. 129, 10–19. Zu Beginn des Zitates muß mit μέγεθος die Ausdehnung der Lust über den Körper gemeint sein, da von ihrer Intensität im Vergleich mit dem Schmerz noch nicht die Rede war. An der zweiten Stelle ist mit μέγεθος (p. 129, 15) im epikureischen Kontext die Intensität der Lust gemeint (s. *Steckel* S. 109 f. 155 f. gegen *Diano*, Questioni S. 872). Da aber nicht deutlich wird, wie Plutarch μέγεθος an der zweiten Stelle versteht, übersetze ich hier mit dem undifferenzierten Ausdruck „Größe".
32. *Diano* übersieht das erste Argument, das zweite gibt er unzutreffend so wieder: Epikurs Behauptung, daß die Lust nur bis zur Aufhebung des Schmerzes wachse, „è quanto dire che il piacere non cresce mai e cioè in quanto piacere non esiste" (Questioni S. 873). – *Usener* frg. 417 druckt gesperrt bis σύντομος, hält also auch den Satz ἡ δ' ἐπὶ τοῦτο μετ' ὀρέξεως πορεία, μέτρον ἡδονῆς οὖσα, κομιδῇ βραχεῖα καὶ σύντομος (3, 1088 c. d, p. 129, 17–19) offenbar für epikureisch. Dieser Satz muß aber schon allein deshalb die Erwiderung Plutarchs darstellen, weil Epikurs Worte sonst widerspruchslos übernommen würden. Vor allem aber ist der Inhalt des Satzes nicht epikureisch (s.o.).
33. Quaest. conv. II, 2, 635 a.

ἀλγοῦντος ὑπεξαίρεσις. Der in non posse zitierte ὡς-Satz gibt die ausführlichste Begründung dieser Lehre, die uns erhalten ist[34].

Plutarch führt diesen Satz Epikurs an, um die Kürze der von Epikur als Schmerzlosigkeit definierten Lust nachzuweisen. Wenn er dabei voraussetzt, daß das Maß der Lust die Zeit bis zur Erfüllung des Verlangens ist, also annimmt, daß die Lust mit der Erfüllung des Verlangens beendet ist, versteht er Epikurs Aussage offensichtlich falsch. In dem ὡς-Satz ist von dem Anwachsen der Größe der Lust die Rede, mit dem πέρας der Lust muß daher bei Epikur die Grenze dieser Steigerung gemeint sein. Das bezeugt auch der Ausdruck ὅρος τοῦ μεγέθους τῶν ἡδονῶν in der dritten κυρία δόξα. Plutarch dagegen interpretiert πέρας als Ende des Bestehens der Lust: bis zur Beseitigung des Schmerzes wächst die Lust an und hört dann auf. Diese Auffassung ist in dem hier von Plutarch herangezogenen Satz Epikurs nicht enthalten und entspricht auch nicht Epikurs Lehre. Wie andere Zeugnisse – auch aus non posse – beweisen, lag vielmehr für Epikur gerade im Zustand der Schmerzlosigkeit die höchste Lust[35]. Die Behauptung Plutarchs, daß die Lust, die ihr Ziel in der Schmerzlosigkeit findet, nur so lange dauert, wie noch Schmerz und also Verlangen nach seiner Aufhebung besteht, ist platonisch. Plutarch hält sich hier an den platonischen Gorgias, wo am Beispiel von Essen und Trinken ausgeführt wird, daß die Lust mit Unlust verbunden ist und mit ihr zusammen aufhört[36]. Zu dem zweiten Gedanken, den er bei Epikur wiederfindet und daher als epikureisches Zitat anführt, fügt er das aus der zweiten Widerlegung bekannte Argument hinzu, daß die Befriedigung eines Verlangens nur kurze Zeit dauert.

Epikurs Definition der Schmerzlosigkeit als höchste Lust wird in non posse als dritter Punkt der epikureischen Lustlehre genannt und angegriffen[37]. Hier wird Epikurs Lehre zutreffend so wiedergegeben, daß vom Zustand der Schmerzlosigkeit die Rede ist. Die falsche Auffassung in Kapitel drei, nach der die Lust mit der Aufhebung des Schmerzes beendet ist, steht also im Widerspruch zum dritten Punkt der Widerlegung. Wie im Folgenden gezeigt werden wird[38], lassen sich die ersten drei Punkte der Widerlegung durch eine bestimmte Überleitungsformel und die Art der Polemik als zusammengehörig erweisen. In

---

34. *Steckel* S. 109 f.
35. Non posse 4, 1089 d; Cic. de fin. I, 37.
36. 496 c–497 c. 497 c: οὐκοῦν καὶ πεινῶν καὶ τῶν ἄλλων ἐπιθυμιῶν καὶ ἡδονῶν ἅμα παύεται; ἔστι ταῦτα. Zur Mischung von Lust und Unlust vgl. auch Resp. 583 b–585 a (s. *Diano*, Questioni S. 871); Phil. 47 d–50 e. Die Anspielung auf Gedanken aus dem Gorgias in non posse 3, 1088 c. d ist in der Liste der Parallelen zwischen Platon und Plutarch bei *R. M. Jones* nicht vermerkt. Daß Plutarch sich oft ohne Namensnennung an Platon anschließt, s. *R. M. Jones* S. 108.
37. 4, 1089 d–6, 1091 a.
38. Vgl. u. S. 28 und S. 38 f.

diesen Zusammenhang ist die falsche Auffassung von der Grenze der Lust, die sich in der vierten Widerlegung des ersten Abschnittes findet, offensichtlich erst nachträglich eingeschoben worden. Da sich diese Auffassung an Platon anlehnt, liegt die Vermutung nahe, daß hier Plutarch selbst spricht, während er den größeren Zusammenhang aus einer Quelle übernommen hat.

2. Die Erinnerung an die Lust des Fleisches (3, 1088 d-4, 1089 d)

Die Überleitung von der ersten zur zweiten und von der zweiten zur dritten angegriffenen Lehrmeinung der Epikureer ist so gestaltet, daß die jeweils folgende epikureische Lehrmeinung als eine Ausflucht gegenüber der vorausgegangenen erscheint, deren Unhaltbarkeit die Epikureer selbst bemerken[39]. Die einzelnen Aussagen Epikurs werden also entgegen Plutarchs eigenem, in Kapitel 1 ausgeführten Grundsatz losgelöst von ihrem systematischen Zusammenhang, in dem sie bei Epikur stehen, behandelt, und der Zusammenhang, in den sie durch die Polemik gebracht werden, läßt Epikurs Lehrgebäude von vorneherein als völlig unbegründet erscheinen[39a].

Zusammen mit der Überleitung wird beide Male eine kurze Charakteristik der zu widerlegenden epikureischen Lehre gegeben: die Epikureer übertragen das höchste Gut auf die Seele (Kapitel 3 Ende) – sie weichen von der Lust auf Schmerzlosigkeit und Gesundheit aus (Kap. 4 Ende). Diese Behauptung wird dann jeweils mit einem Zitat belegt. Im zweiten Abschnitt wird zwischen die Charakteristik und das Zitat eine kurze, nicht weiter begründete Ablehnung eingeschoben: der Genuß, der auf der σάρξ beruht, ist nicht sanft, wie die Epikureer erwarten, sondern heftig und mit Schmerzen und Erregung verbunden[40]. Diese Bemerkung gibt den Anlaß für Zeuxipps Zwischenfrage, die zusammen mit ihrer Beantwortung durch Theon die Funktion hat, die Eigenart der von Epikur gelehrten seelischen Lust deutlich zu machen[40a]. Die Frage Zeuxipps, ob Epikur nicht zurecht die Vollendung der Lust in der Seele sucht,

---

39. 3, 1088 d: ὅθεν αἰσθόμενοι τῆς ἐνταῦθα γλισχρότητος ... μεταφέρουσι τὸ τέλος εἰς τὴν ψυχήν. 4, 1089 d: ὅθεν αὐτοί μοι δοκοῦσι τούτων αἰσθόμενοι τῶν ἀτοπημάτων εἰς τὴν ἀπονίαν καὶ τὴν εὐστάθειαν ὑποφεύγειν τῆς σαρκός.
39a. Vgl. die Beurteilung der Epikur-Kenntnis Ciceros in de fin. I/II bei *Mary N. P. Packer*, Cicero's Presentation of Epicurean Ethics, New York 1938, S. 117: Cicero, der zwar viele einzelne epikureische Lehrmeinungen kennt, ,,seems to show himself entirely anaware of their position in the logical structure of which they are a part."
40. 1088 d. Zu λείη vgl. λεῖα καὶ προσηνῆ κινήματα frg. 411 Us., o. Anm. 14. Die jonische Form ist zusammen mit τραχεῖα sicher eine Anspielung auf Hesiods berühmten Spruch über den Weg zur Schlechtigkeit und zur Tugend (op. 288; *Einarson/de Lacy* p. 31 a).
40a. Vgl. o. S. 13.

und die Antwort Theons, daß dies nur der Fall wäre, wenn Epikur wie die Denker und Politiker etwas Vollkommeneres in der Seele fände, gehen von der akademisch-peripatetischen Auffassung aus, daß die Lust in ihren höheren Formen ein anzuerkennendes Ziel ist, nicht aber die körperliche Lust[41]. Damit wird der zweite und dritte Teil von non posse vorbereitet[41a]. In diesen Teilen und im vierten Abschnitt des ersten Teiles folgt dann die Begründung für die hier im zweiten Abschnitt nur kurz angedeutete philosophische Position.

Nach dem Zitat zu Beginn von Kapitel vier beteuern die Epikureer lautstark, „daß die Seele durch nichts anderes in der Welt Freude und Ruhe findet als durch gegenwärtige oder erwartete Lustempfindungen des Körpers, und dies sei ihr eigentliches Gut."[42] In der folgenden Widerlegung ist aber nicht von der Freude der Seele an gegenwärtiger oder zukünftiger Lust, sondern nur von der Erinnerung an vergangene Lust die Rede. Nun enthält auch die zu Beginn des ersten Abschnittes zitierte epikureische Aussage mehr, als in der darauffolgenden Widerlegung behandelt wird[43]. Wenn sich aber gerade der Punkt, der in der Widerlegung angegriffen wird, im Zitat nicht findet, ist das Zitat überflüssig und sinnlos. Es muß daher angenommen werden, daß in dem Zitat, das dem zweiten Abschnitt zugrundeliegt, bei ἡδοναῖς παρούσαις ἢ προσδοκωμέναις ein mit einem weiteren ἢ angeschlossener Begriff wie γενομέναις oder γεγενημέναις ausgefallen ist. Daß sich die Seele nach Epikurs Lehre tatsächlich über die gegenwärtige, die zukünftige *und* die vergangene Lust des Körpers freut, ist durch andere Zeugnisse belegt[44]. Gegen die epikureische Behauptung, daß die Seele sich an der vergangenen Lust des Körpers freue, bringt Plutarch vor, daß auf diese Weise die Lust nur aus dem Körper wie aus einem undichten Gefäß in ein anderes Gefäß geschüttet wird[45], ohne daß sie dadurch besser würde, im Gegenteil: in der Erinnerung hat man von der Lust so wenig, wie wenn man vom Wein nur den Duft oder statt vorhandener Eßwaren nur die Erinnerung daran hat. Selbst bei großen körperlichen Genüssen bleibt in der Seele nur ein Schatten von der vergangenen Lust zurück, an dem sich zudem

---

41. Vgl. u. S. 41.
41a. Vgl. *Görgemanns*, Untersuchungen S. 29 Anm. 31: in Plutarchs Schuldialogen ist die Vorausplanung des Gesprächs am meisten ausgeprägt.
42. Frg. 429 Us.
43. Vgl. o. S. 20.
44. Non posse 14, 1096 c: ἢ γὰρ οὐχ οὕτως ἀξιοῦσι τὴν ψυχὴν ταῖς τοῦ σώματος ἡδοναῖς κατασυβωτεῖν, ὅσον ἐλπίσαι τι περὶ σαρκὸς ἢ παθεῖν ἢ μνημονεῦσαι χαίρουσαν. Cic. Tusc. V, 96: ... animum et **praesentem** (sc. voluptatem) perspicere ... et prospicere **venientem** nec **praeteritam** praeterfluere sinere. De fin. I, 55; II, 106 (= frg. 436 Us.); vgl. Ep. ad Men. 122, 8 f.
45. Das Bild vom lecken Gefäß enthält vielleicht eine besondere Spitze, da es von den Epikureern auf die dummen Menschen angewandt wurde, die die Lust ungenossen verstreichen lassen, s. Lucr. III, 936. 1009; VI, 20.

die Begierden wieder entzünden. Das sahen die Kyrenaiker und lehnten daher, obgleich sie doch wie die Epikureer die Lust für das höchste Gut hielten, den Liebesgenuß bei Licht ab, damit die Seele nicht ein zu deutliches Bild des Geschehens aufnehme, an dem sich der Trieb erneut entzündet.

Diese Argumentation geht wie die erste und zweite Widerlegung im ersten Abschnitt von der Erfahrung aus: erfahrungsgemäß bewahrt die Erinnerung immer nur einen Abglanz des Geschehens, und die Erinnerung an vergangene Lust weckt außerdem neues Verlangen. Als Zeugen können sogar die Kyrenaiker angerufen werden. Auf diese beiden Beobachtungen folgt 1089 c ein Argument anderer Art: maßvolle und besonnene Männer verweilen nicht mit ihren Gedanken bei vergangenen Lustempfindungen und lesen nicht, wie Karneades es im Spott den Epikureern vorwirft, gleichsam aus Tagebüchern vor, wie oft sie Liebesgenüsse und Gelage hatten. „Denn es beweist eine schlimme und tierische Verwirrung und Raserei hinsichtlich der gegenwärtigen und erwarteten Wirksamkeit der Lust, wenn die Seele so in der Erinnerung an die Lust schwelgt und sich ihr hingibt."

Der Ausgangspunkt der Kritik ist hier die rechte Seelenverfassung, für die die körperliche Lust keine solche Bedeutung haben kann. Das ist die communis opinio aller philosophischen Richtungen außer eben den Epikureern und Kyrenaikern, daher kann dieses Argument hier auch ohne weitere Begründung angeführt werden: omnes boni sind mit Plutarch der Ansicht, daß ein $μέτριος$ und $σώφρων$ sich so nicht verhält. Auch der Spott des Karneades hat diese allgemeine Übereinstimmung zur Voraussetzung. Damit wird Epikur an einer vorgegebenen Wertskala gemessen, während die vorausgehende Widerlegung von der Empirie ausgeht.

Die erste Widerlegung des zweiten Abschnittes ist nicht zutreffend, weil auch im zweiten Abschnitt (wie im ersten) nur an die kinetische Lust gedacht wird, und weil nur von der Erinnerung, nicht auch von gegenwärtiger und erwarteter Lust die Rede ist: alles zusammen aber macht nach Epikur die Lust der Seele aus. Die zweite Widerlegung geht zwar auch nur von der Erinnerung aus, greift damit aber die Stellung Epikurs zur Lust des Körpers überhaupt an und ist insofern umfassender. Unberücksichtigt bleibt aber auch hier die katastematische Lust, wie die Beispiele von Karneades zeigen.

3. Der gute Zustand des Fleisches und die Hoffnung darauf (4, 1089 d-6, 1091 a)

Zur Überleitung ist schon beim zweiten Abschnitt das Nötige gesagt worden[46]. Zu Beginn des dritten Abschnittes wird den Epikureern untergeschoben, daß sie die Ungereimtheiten, in die sie mit der Erinnerung an die Lust geraten, selbst bemerken und auf ἀπονία und εὐστάθεια ausweichen, „als ob in dem Gedanken, daß wir diesen Zustand erreichen werden oder erreicht haben, das lustvolle Leben besteht."[47] Belegt wird diese Behauptung mit dem Zitat: „Der gute Zustand des Fleisches und das feste Vertrauen auf seine Fortdauer enthalte die höchste und dauerhafteste Freude für die, die denken können."[48]

Wie im zweiten Abschnitt wird vor der Widerlegung der Blick auf die von Epikur gelehrte Übertragung der körperlichen Lust auf die Seele gelenkt. Wieder geschieht das mit dem Bild des Umschüttens von einem Gefäß in ein anderes[49], nur daß hier, wo es um die Erwartung eines körperlichen Zustandes für die Zukunft geht, auch die Seele als leckes Gefäß bezeichnet wird[50], das die Lust nicht halten kann, weshalb die Epikureer die seelische Freude durch die Erwartung wieder mit dem Körper verbinden müssen[51]. Zu der Übertragung vom Körper auf die Seele tritt also die von der Seele auf den Körper nach Plutarchs Meinung.

Die erste Kritik an der Aussage Epikurs geht wieder von der Erfahrung aus: die εὐστάθεια ist ein höchst unsicherer Zustand, daher können die Hoffnung und die Freude, die sich auf sie gründen, nicht zuversichtlich und unerschüttert sein. Ebenso argumentiert Cicero in de finibus: über das Fortbestehen eines guten körperlichen Zustands gibt es nie Gewißheit, und also lebt man immer in

---

46. Vgl. o. S. 28.
47. 4, 1089 d, p. 132, 8 περί τινας ist sinnlos, denn es geht ja um das ἡδέως ζῆν für **alle** Menschen. *Hartman* (S. 621) tilgt daher die beiden Wörter. Überzeugender ist die Verbesserung von *Bignone* in περὶ ἡμᾶς (Studi S. 279).
48. Wie Plutarch selbst am Schluß des Abschnittes angibt, stammt dieses Zitat aus Epikurs Werk περὶ τέλους, vgl. frg. 68 Us., dazu *Steckel* S. 115.
49. Die Konjektur von μεταίροντες (5, 1089 d, p. 132, 14) in μετερῶντες durch *Dübner* ist zurecht allgemein anerkannt.
50. Dieses Bild erinnert an den Gorgias, wo die Seele der Unersättlichen mit einem lecken Gefäß verglichen wird (493 a-d).
51. 5, 1089 e, p. 132, 17–19 versteht *Pohlenz* den ganzen Satz als epikureisches Zitat. *Usener* frg. 431 druckt nur die Begriffe τὸ ... ἡδόμενον ... τῆς σαρκὸς τῷ χαίροντι τῆς ψυχῆς gesperrt. *Einarson/de Lacy* schließen sich dem an. Daß sich ὥς φησι nur auf diese Begriffe bezieht, ist wahrscheinlich, denn daß die Epikureer die Lust des Fleisches durch die Freude der Seele „stützen" und diese wieder in das Fleisch „zurückführen", ist eine polemische Ausdrucksweise, bei der vorausgesetzt wird, daß zu der Seele eine andere Lust als die körperliche gehört.

der Furcht vor Schmerzen[52]. Bei Plutarch wird diese Argumentation noch weiter ausgestaltet: die εὐστάθεια ist stets von innen und außen bedroht, und gegen die Bedrohung von innen vermag auch die Vernunft nichts, sonst hätten vernünftige Männer nicht die schlimmsten Krankheiten bekommen. Den bei Cicero überlieferten stoischen Vorwurf, daß Epikur und seine Schüler ihre Krankheiten durch ihren unmäßigen Lebenswandel selbst verschuldet hatten[53], weist Plutarch daher zurück: nicht die Krankheiten der Epikureer sind zu tadeln, sondern daß sie trotzdem die εὐστάθεια des Fleisches zur Quelle jeder Lust erklären und behaupten, in schlimmen Krankheiten froh zu sein und in Lust zu schwelgen[54]. Dann belegt Plutarch die Erfahrung, daß der gute körperliche Zustand immer durch Störungen von innen bedroht ist, mit dem Hinweis auf Dichterworte, einen Ausspruch des Hippokrates und die allgemeine Meinung über die leichte Veränderlichkeit der Schönheit. Diese Erfahrung hätte Epikur kaum bestreiten können, indem Plutarch aber nur auf die eine Aussage Epikurs blickt und nicht berücksichtigt, was Epikur für den Fall von Krankheiten als Trost lehrte[55], ist seine Kritik einseitig und wird Epikur nicht gerecht.

In der zweiten Widerlegung wird ein Ausspruch Epikurs gegen ihn selbst ins Feld geführt[56]: Epikur sagt, daß die Gesetzesübertreter ein unglückliches Leben führen, weil sie zwar verborgen bleiben können, aber immer Angst vor der Entdeckung haben müssen[57]. Dasselbe Argument bringt nun Plutarch in bezug auf die εὐστάθεια gegen Epikur vor[58]: man kann zwar lange gesund sein, muß aber immer die Änderung dieses Zustandes befürchten. Hier wird Epikur also

---

52. De fin. II, 92. Bei Cicero wird Metrodor zitiert, der den Ausspruch wohl von Epikur übernommen hat, s. Metrodor frg. 5 *Koerte*.
53. Bei Plutarch steht nur ταῦτα οὐκ ὀνειδίζομεν (5, 1089 f). Begründung und Herkunft des Vorwurfs kennen wir aus Cicero, ad. fam. VII, 261.
54. 5, 1090 a, p. 133, 8 f. χαίρειν καὶ ὑβρίζειν. *Bignone* vermutet, daß Epikur mit ὑβρίζειν auf den von Aristoteles im Protreptikos zitierten Grabspruch des Sardanapal anspielen wollte (Aristotele II S. 163–165). Das läßt sich aber nicht erweisen, s. *I. Düring*, Aristotle's Protrepticus, Göteborg 1961, S. 162–165. – Auch eine Parallelle zu de fin. II, 98 liegt nicht vor, wie *Bignone* vermutet (Aristotele II S. 162).
55. Vgl. Diog. Laert. X, 22; Epic. Sent. 4.
56. 6, 1090 c–1091 a. *Bignone* findet in diesem Kapitel mehrere Anspielungen auf den Brief Epikurs an die Philosophen in Mytilene, kann seine Vermutungen aber nicht beweisen, sondern baut die Hypothese auf die andere (Aristotele II S. 144–153.) Die Hauptpunkte seiner Ausführungen werden im folgenden aufgegriffen und widerlegt.
57. Vgl. Sent. 35.
58. Plutarch argumentiert so: was die Epikureer πρὸς ἑτέρους sagen (p. 134, 6), sagen sie, ohne es zu merken, auch πρὸς ἑαυτούς (p. 134, 11). Nach dem Inhalt dessen, was die Epikureer sagen (frg. 532 Us.), sind mit den ἕτεροι einfach alle anderen Menschen gemeint. Daß es sich um philosophische Gegner handelt, und daß diese in einem Brief angegriffen werden (*Bignone*, Aristotele II S. 146. 148 f.), steht nicht da. Ferner ist das, was die Epikureer πρὸς ἑτέρους sagen, durch den Satz ταῦτα δὲ καὶ πρὸς ἑαυτοὺς εἰρηκότες λελήθασιν (p. 134, 11 f) klar abgegrenzt und setzt sich nicht in der zweiten Hälfte des Kapitels fort, wie *Bignone* annimmt (a.a.O. S. 146–148).

erneut ein Widerspruch nachgewiesen, aber nicht so direkt wie im ersten Abschnitt, sondern nur in der Beurteilung zweier Sachverhalte, die Plutarch als analog ansieht. Ganz ähnlich führt er zu Beginn des vierten Teiles ein Urteil Epikurs über die Stoiker gegen Epikurs eigene Lehre in einer nach seiner Sicht analogen Frage an. Dort wird ganz deutlich, daß Plutarch selbst auf diesen „Widerspruch" gestoßen ist[59]. Es ist gut möglich, daß das entsprechende Vorgehen in dem Abschnitt über die εὐστάθεια auch von ihm stammt. Die in diesem Abschnitt behauptete Analogie würde Epikur wohl nicht bestreiten, die Argumentation Plutarchs leidet aber auch hier unter der bei der ersten Widerlegung bereits besprochenen Einseitigkeit.

Plutarch knüpft 6, 1090 d noch einmal in anderer Weise an den Satz Epikurs über das Unrechttun an, um die Unbeständigkeit des Wohlergehens zu beweisen: auch wenn man kein Unrecht tut, droht einem Leiden, und das ist nicht weniger schlimm, weil es ungerecht ist. Hier geht Plutarch wie so oft von den Voraussetzungen seines Gegners aus: wenn man die Aponie als höchstes Gut ansieht, ist ihre Störung schlimm, sei sie nun selbst verschuldet oder nicht[60]. Als Beispiele für unverdiente Leiden nennt Plutarch Gewaltherrschaft, „Wut der Massen, Grausamkeiten von Räubern, Unrecht von Erben, Gefahren aus der Luft und das tosende Meer, von dem Epikur auf seiner Fahrt nach Lampsakos fast verschlungen worden wäre."[61] Dies sind Beispiele für die schon in der ersten Widerlegung genannten äußeren Übel, die erste Widerlegung, die von der Erfahrung ausgeht, wird hier also fortgesetzt. Zum Schluß wiederholt Plutarch noch einmal, daß die Natur des Fleisches selbst Ursache vieler Übel ist und ein ruhiges Leben unmöglich macht, wenn man wie Epikur seine Freude allein auf das Fleisch und die darauf gerichtete Hoffnung setzt.

4. Die Beseitigung des Übels (7, 1091 a-8, 1092 d)

Wenn Plutarch nach den beiden Widerlegungen des Zitates über die εὐστάθεια fortfährt: „Sie nehmen nicht nur eine ungewisse und unsichere, sondern auch

---

59. 20, 1101 a–c, s. u. S. 49.
60. Vgl. u. S. 50 Anm. 8. Man kann daher nicht aus dem unplatonischen Charakter dieses Argumentes schließen, daß Plutarch hier eine Aussage von Epikur vorbringt und verneint (*Bignone*, Aristotele II S. 148).
61. Gegen *Usener*, der den Text erst ab καὶ θαλάσσης als frg. 189 abdruckt, nimmt *Bignone* an, daß alle genannten Beispiele aus Briefen Epikurs stammen und sich auf Vorfälle in seinem eigenen Leben beziehen (Studi S. 280; Aristotele II S. 144–153). Abgesehen davon, daß es dafür keine Belege gibt, auch nicht bei Philodem, de Epic. II frg. 6, II (s. *Steckel*, RE Suppl. XI, 1968, Sp. 582), scheint mir gerade die Tatsache, daß eine Beziehung zu Epikur nur beim letzten Beispiel genannt wird, gegen *Bignone*s These zu sprechen.

eine ganz und gar verächtliche und geringe Quelle für das lustvolle Leben an", erwartet man zunächst, daß zu den zwei anderen Widerlegungen noch eine dritte tritt, in der nachgewiesen wird, warum die εὐστάθεια verächtlich ist. Die Fortsetzung des Satzes „wenn nämlich für sie die Beseitigung des Übels das ist, worüber sie sich freuen und was ihr Gut ist . . ." zeigt aber, daß hier ein neuer Punkt aus der Philosophie Epikurs aufgegriffen wird: die Definition des höchsten Gutes als κακῶν ἀποφυγή. In diesem Begriff ist εὐστάθεια τῆς σαρκός eingeschlossen, daher kann Plutarch so fortfahren, als ob er eine weitere Widerlegung zu dem im dritten Abschnitt behandelten Zitat anschließt. Da aber κακῶν ἀποφυγή auch die Übel der Seele umfaßt, die nicht vom Körper abhängen, wie die Furcht vor den Göttern und vor dem Tod, muß die Behauptung, die Epikureer sähen die Beseitigung des Übels als höchstes Gut an, durch ein neues Zitat belegt werden. Die vorausgegangene Gliederung, die durch die Überleitungsformel ὅθεν αἰσθόμενοι τῆς ἐνταῦθα γλισχρότητος bzw. τῶν ἀτοπημάτων gekennzeichnet ist, ist hier aufgegeben. Auch werden im Unterschied zum Aufbau der ersten drei Abschnitte gleich zwei Zitate als Beleg angeführt.

Das erste Zitat stammt von Metrodor und lautet: „Daher ist dies gerade das Gut, daß man dem Übel entrinnt, denn es gibt keinen Ort, wo das Gut einen Platz finden kann, wenn kein körperlicher oder seelischer Schmerz entweicht."[62] Daran schließt sich folgendes Zitat von Epikur an: „Das, was unübertreffliche Freude macht, ist gerade[63] die Aufhebung des großen Übels; und das ist die Natur des Guten, wenn einer es richtig bedenkt, dann festbleibt und nicht herumläuft[64] und über das Gut schwätzt."[65] Beide Zitate beweisen, daß die Epikureer das höchste Gut als κακῶν ἀποφυγή definiert haben. Plutarch gibt den Inhalt der Zitate jeweils davor in einer Paraphrase an, die im zweiten Fall aber über den Wortlaut des Zitates hinausgeht. Nach Plutarch sagt Epikur, die Natur des Guten erwachse aus dem Entweichen des Übels, der Erinnerung,

---

62. Frg. 28 *Koerte*.
63. Überliefert ist τὸ παρ' αὐτόν (bzw. αὐτό) πεφυγμένον μέγα κακόν (7, 1091 b, p. 135, 24). Gegen die Verbesserung von *Usener* in πάραυτα wendet *Bignone* zurecht ein, daß die einfache Aponie, nicht die plötzliche das höchste Gut bei Epikur ist (Studi S. 282 f.). Im Sinn gleich und daher aus dem selben Grund abzulehnen ist die Beibehaltung des überlieferten παρ' αὐτό bei *Diano*, der in Gedanken τὸ κακόν ergänzt (Ethica S. 53. 163; s. *Steckel* S. 80: „. . . daß man soeben einem großen Übel entgangen ist".). Auch auf die Verbesserung von *Pohlenz* in παρὰ λόγον trifft *Bignones* Argument zu. Wie *Bignone* richtig feststellt, erwartet man αὐτὸ τὸ πεφυγμένον μέγα κακόν und so ist m. E. der Text zu verbessern. *Bignone* selbst schlägt stattdessen, um näher am überlieferten Wortbestand zu bleiben, κατ' αὐτό vor (gemeint wohl καθ' αὐτό, s. Studi S. 283: „la pura aponia considerata in se stessa", vgl. *Diano*, Ethica S. 53 Anm. zu frg. 33), was m. E. keine epikureische Ausdrucksweise ist.
64. In περιπατῇ (7, 1091 b, p. 135, 26) sieht *Bignone* wohl zurecht eine Spitze gegen Aristoteles (Aristotele II S. 41).
65. Frg. 423 Us.

dem Nachdenken darüber und der Dankbarkeit. Von der Erinnerung und der Dankbarkeit ist in dem hier angeführten Zitat nicht die Rede, in der Zusammenstellung als dankbare Erinnerung findet es sich aber an anderen Stellen bei Epikur[66].

Auf die Zitate und ihre Paraphrasen folgt 1091 b. c Plutarchs Kritik. Zuerst macht er sich darüber lustig, daß die Aufhebung des Übels in Körper und Seele für die Epikureer Anlaß ist, sich unsterblich und göttergleich zu nennen und vor Freude gleichsam in Ekstase zu geraten. Dann wendet er dagegen ein: mit diesem Gut stellen sich die Epikureer auf eine Stufe mit Schweinen und Schafen, während sich die feineren Tiere nach ihrer Sättigung an Singen, Fliegen, Schwimmen u.a.m. erfreuen. Für sie ist die Aufhebung des Übels nicht das letzte Ziel, sondern sie streben dies nur an, weil es dem Erreichen des Guten im Wege steht.

Ein ähnlicher Hinweis auf das Verhalten der Tiere findet sich auch in de finibus[67]. Epikur selbst hatte sich offenbar für die Begründung seiner Lustlehre auf die Tiere berufen[68]. Dem hält Cicero entgegen, daß selbst die Tiere Ansätze von Tugend kennen[69]. Bei Plutarch dagegen dient das Beispiel der Tiere entsprechend dem Thema von non posse zum Beweis dafür, daß es höhere Formen der Lust gibt[70]: selbst die Tiere erstreben lustvolle Ziele über die Beseitigung des Übels hinaus[71], auch sie suchen τἀγαθόν. Warum die Beseitigung des Übels kein ἀγαθόν ist, wird im folgenden Abschnitt ausgeführt.

„Denn das Notwendige ist nicht gut, sondern das Erstrebens- und Wählenswerte und beim Zeus Lustvolle und uns Eigene liegt jenseits der Beseitigung des Übels, wie Platon sagte, und er verbot es, die Befreiung von Leid und Schmerzen für Lust zu halten, sondern das sei wie ein Schattenbild oder eine

---

66. Ep. III, 122; Gnom. Vat. 17; 55.
67. II, 109 f.
68. De fin. II, 109, vgl. II, 32; Epic. frg. 398 Us. Daher ist die gebräuchliche Abqualifizierung des Lustlebens als tierisch (z. B. Plato Resp. 586 a. b; Arist. EN 1095 b; Sen. ep. 92, 6; Plut. adv. Col. 30, 1124 e–1125 c) kein treffendes Argument gegen Epikur, während der Nachweis von Tugend bzw. höherstehender Lust bei den Tieren genau gegen Epikur gerichtet ist.
69. II, 110: ergo in bestiis erunt secreta e voluptate humanarum quaedam simulacra virtutum, in ipsis humanibus virtus nisi voluptatis causa nulla erit? Cicero unterscheidet nicht wie Plutarch zwischen gemeinen und feineren Tieren.
70. Diesen Unterschied, den *Bignone* in den Studi selbst herausstellt (S. 271 f.), übersieht er in seinem späteren Buch L'Aristotele perduto ..., wenn er aus den seiner Meinung nach parallelen Texten bei Plutarch und Cicero eine Argumentation des aristotelischen Protreptikos rekonstruieren will (II S. 352 Anm. 2).
71. Vgl. de soll. an. 19, 973 b. Ein Stück dieser Argumentation findet sich auch in de fin. II, 109: partim cursu et peragratione laetantur (sc. bestiae). Zum Beispiel der Tugend paßt das nicht, daher erwägt *J. S. Reid* die Möglichkeit, diesen Satz als Randnotiz auszuscheiden (M. Tulli Ciceronis de finibus bonorum et malorum libri I, II, Cambridge 1925, z. St.).

Mischung von Eigenem und Fremdem, gleichsam von Weiß und Schwarz, wie es einem ergeht, wenn man von unten zur Mitte aufsteigt und aus Unerfahrenheit und Unkenntnis über das Obere das Mittlere für das Höchste und das Ende hält."[72]

Plutarch beruft sich hier auf Platon und führt teils wörtlich, teils dem Sinn nach in anderen Ausdrücken Gedanken Platons aus dem neunten Buch der Politeia an, mit denen Platon nachweist, daß die Schmerzlosigkeit nur als Lust erscheint, nicht wirklich lustvoll ist[73]. Platon zeigt die Wertlosigkeit der körperlichen Lust daran, daß die meisten und größten körperlichen Lustempfindungen in der Aufhebung eines schmerzhaften Zustandes bestehen[74]. Plutarch überträgt diese Argumentation auch auf die von Epikur gelehrte seelische Lust. Wenn er von λυπῶν καὶ πόνων ἀπαλλαγαί spricht, sind die Schmerzen beider Bereiche, der Seele und des Körpers, gemeint, wie die darauffolgenden Beispiele zeigen. Zu den platonischen Vergleichen fügt Plutarch zunächst noch andere hinzu (1091 e): die Lust der Epikureer ist die Lust von Sklaven und Gefesselten, von einer freien, reinen, ungemischten und nicht mit Schlägen verbundenen Lust[75] wissen sie nichts; Kratzen bei Krätze[76] und Auswischen eines triefenden Auges ist nichts Großartiges. Dann wird dasselbe für den seelischen Bereich ausgesagt (1091 f): ebensowenig ist die Befreiung von der Furcht vor den Göttern und dem Hades ein beneidenswertes Glück. Dies ist das Thema bis zum Ende des Kapitels.

Um die Ärmlichkeit der seelischen Freude, die in der Aufhebung der Furcht vor den Göttern und vor dem Hades besteht, zu zeigen, wird wie für die κακῶν

---

72. 8, 1091, p. 136, 24 nimmt *Pohlenz* im Anschluß an *Doehner* eine lacuna an. Der Text ist aber auch in der überlieferten Form verständlich, vgl. *Wyttenbach* und *Einarson/de Lacy* z. St.

73. Resp. 583 b–586 c. Die körperlichen ἡδοναί als ἀναγκαῖαι 581 e, vgl. Arist. EN 1147 b 24. Die Schmerzlosigkeit als σκιαγραφία der Lust: 583 b. 586 b. Die Mischung von Weiß und Schwarz: 585 a. Der Vergleich ἄνω – μέσον – κάτω 584 d. e. Statt μῖξις οἰκείου καὶ ἀλλοτρίου findet sich bei Platon ἡδοναὶ μεμειγμέναι λύπαις (584 e). Plutarch nimmt hier einen epikureischen Sprachgebrauch auf, vgl. Diog. Laert. X, 34: die Epikureer halten den Schmerz für ein ἀλλότριον und die Lust für ein οἰκεῖον πάθος. Im Sinne von Platons Ausführungen in der Politeia gibt Plutarch das erste zu, bestreitet aber, daß die körperliche Lust wirklich reine Lust ist. Adv. Col. 27, 1123 a beschreibt er sie ebenfalls nach dem neunten Buch der Politeia (583 c–584 a) als μέσον zwischen Schmerz und Lust. Zum Ganzen vgl. *Bignone*, Aristotele II, S. 36: die Akademie bekämpft Epikur mit denselben Argumenten, die Platon gegen die früheren Hedoniker richtete, und geht nicht auf die Argumente ein, die Epikur dagegen vorgebracht hat.

74. 584 c: αἵ γε διὰ τοῦ σώματος ἐπὶ τὴν ψυχὴν τείνουσαι καὶ λεγόμεναι ἡδοναί, σχεδὸν αἱ πλεῖσταί τε καὶ μέγισται, τούτου τοῦ εἴδους εἰσί, λυπῶν τινες ἀπαλλαγαί.

75. 3, 1091 e, p. 137, 6 ist die Verbesserung des unverständlichen ἀπουλωτίστου in ἀμωλωπίστου (vgl. de san. tuen. 8, 126 c) von *Bernardakis* allgemein anerkannt.

76. Dieses Beispiel ist wieder platonisch, s. Phil. 46 a (hier auch als Beispiel für gemischte Lust); Gorg. 494 c.

ἀποφυγή des Körpers zu Beginn dieses Abschnittes auf die Tiere verwiesen: mit all ihrer Weisheit kommen die Epikureer nicht weiter als in den Zustand der Tiere, die von selbst keine Furcht vor dem Hades und den Göttern haben; denn wenn es bei der Aponie des Körpers nicht darauf ankommt, ob man sie durch eigene Bemühung oder von Natur aus hat, muß es bei der Ataraxie der Seele genauso sein[77]. Aus dieser Begründung geht deutlich hervor, daß die Charakterisierung der Ataraxie als tierischer Zustand in Analogie zu der gebräuchlichen Bezeichnung der körperlichen Lust als tierisch gebildet ist[78]. Bei der körperlichen Lust taucht die Frage, ob sie von Natur aus oder durch eigene Anstrengung gegeben ist, gar nicht auf, weil die Situation bei Mensch und Tier gleich ist: beide haben die Aponie nicht φύσει und versuchen ständig, sie durch eigene Bemühung zu erreichen. Dagegen ist die Ataraxie den Tieren von vornherein durch die φύσις gegeben, während die Menschen sie nur durch Bemühung erlangen können. Diese Ungleichheit muß daher für irrelevant erklärt werden, damit der Vergleich zwischen Mensch und Tier auch bei der Ataraxie durchgeführt werden kann. Möglicherweise stammt die Übertragung des Vergleichs auf den seelischen Bereich von Plutarch selbst, denn die Nennung von Götterglauben und Jenseitsvorstellung in diesem Zusammenhang ist ein originell plutarchisches Anliegen[79].

Daß Epikur den Menschen mit der von ihm gelehrten Ataraxie in die Situation der Tiere versetzt, belegt Plutarch 1092 b noch mit Bezug auf die elfte κυρία δόξα: wenn Epikur sagt, daß die Naturwissenschaft nur zur Befreiung von Furcht nötig ist, nimmt er an, daß der Logos uns in den Zustand bringt, in dem die Tiere sich von selbst befinden. Dann deutet Plutarch kurz an, unter welchen Bedingungen die Menschen mehr Freude hätten als die Tiere: wenn ihre Gottesvorstellung die Pronoia einschlösse. Damit ist das Thema des vierten und – da der Glaube an die Pronoia für Plutarch den Glauben an die Unsterblichkeit einschließt[79a] – zugleich auch des fünften Teiles von non posse genannt, wie im zweiten Abschnitt das Thema des zweiten und dritten Teiles angesprochen wurde. Nach diesem kurzen Hinweis wird der Vergleich zwischen Mensch und Tier in der Frage der Ataraxie noch einmal gesteigert durchgeführt (1092 b. c): bei den Tieren ist dieser Zustand viel sicherer, weil sie sich nicht darum bemühen müssen, sondern von Natur aus nichts von den Göttern und dem Hades wissen[80]; sie fürchten nur das am Tod und suchen es zu vermeiden,

---

77. 8, 1092 a, p. 137, 17 f. entspricht es dem Sinn am besten, wenn man wie *Einarson/ de Lacy* zweimal δι' αὐτόν liest. Vgl. *E. Schwyzer*, Griechische Grammatik II, München 1950 S. 198: „Das Reflexiv der 3. Pers. Sing. kann auch man-Bedeutung haben".
78. S. o. Anm. 68.
79. Vgl. u. S. 48.
79a. Vgl. u. S. 66.
80. Kurz angedeutet ist dieser Gedanke bereits in dem vorausgehenden Vergleich 8, 1092 a, p. 137, 19–22.

was auch für die Menschen in jedem Fall Grund zur Furcht ist, nämlich schmerzhafte Wunden und Schläge. Cicero bringt eine analoge Argumentation für die körperliche Lust: die Tiere übertreffen die Menschen an körperlicher Lust bei weitem, weil sie leicht überall Nahrung finden, während die Menschen sich abmühen müssen[81].

Im Unterschied zu den ersten drei Abschnitten, in denen die epikureische Lehre einseitig und daher unzutreffend so wiedergegeben wird, daß die kinetische Lust, die Erinnerung an sie und die Erwartung eines guten körperlichen Zustands jeweils als höchstes Gut der Epikureer erscheint[82], richtet sich die Polemik des vierten Abschnitts gegen die von Epikur tatsächlich aufgestellte Behauptung, daß das höchste Gut in der Beseitigung des körperlichen und seelischen Übels liege. Auch in der Art der Polemik unterscheidet sich dieser Abschnitt von den drei vorausgegangenen. In diesen ist der Grundstock der Polemik so aufgebaut, daß Epikurs Standpunkt vorausgesetzt ist und dann nachgewiesen wird, daß der von Epikur gepriesene Zustand erfahrungsgemäß nur über kurze Zeit, nur an wenigen Stellen oder überhaupt nicht erreicht wird. Daneben findet sich die von der skeptischen Akademie geübte Polemik, die dem Gegner Widersprüche in seinem eigenen System nachweisen will[83], und eine Verspottung Epikurs, die von dem philosophisch allgemein anerkannten Menschenbild ausgeht[84]. Wieder eine andere Art der Polemik klingt in der Zwischenbemerkung zu Beginn des zweiten Abschnittes an: hier wird die von den Epikureern gelehrte Lust als niedere Form der Lust gegenüber anderen, höheren Formen abgewertet. Epikur wird damit in seinen Voraussetzungen angegriffen, sein Lust-Begriff wird abgelehnt und ein anderer als richtig herausgestellt. Diese grundsätzliche Argumentation findet im vierten Abschnitt ihre Fortsetzung und genauere Begründung, indem Plutarch nachweist, daß selbst die Tiere höhere Formen der Lust erstreben als die Epikureer, daß die Schmerzlosigkeit keine reine Lust ist, und daß die Ataraxie nicht über einen tierischen

---

81. De fin. II, 111. *Bignone* (Studi S. 273 f.) nimmt an, das Argument gegen Epikur, daß die Tiere sich in einer günstigeren Lage befänden, wenn die Lust bzw. die Ataraxie (*Bignone* schreibt fälschlich Aponie) das höchste Gut wäre, sei kynischen Ursprungs. Er verweist dafür auf frg. 5b der Schrift περὶ ἀλόγου καταφρονήσεως von Polystratos, in der die kynische Schule bekämpft wird. Das genannte Fragment enthält aber keine kynische Argumentation, sondern die Meinung des Epikureers Polystratos selbst, wie aus dem Zusammenhang der Fragmente zu erschließen ist. Vgl. *R. Philippson*, Polystratos' Schrift Über die grundlose Verachtung der Volksmeinung, Neue Jahrb. 23, 1904, S. 490f.
82. Auf die Darstellung der ersten drei Abschnitte vor allem trifft zu, was *B. Snell* über die Polemik Plutarchs gegen Epikur sagt: „daß er eine recht grobe Form des Epikureertums zu seinem Prügelknaben macht" (Plutarch, Von der Ruhe des Gemüts und andere philosophische Schriften, BAW 1948 S. X); vgl. *Ziegler* Sp. 129.
83. Vgl. o. S. 25.
84. Vgl. o. S. 30.

Zustand hinausführt. Dagegen fehlt die Widerlegung von der Erfahrung her im vierten Abschnitt völlig, wie dieser Abschnitt ja auch in dem epikureischen Zitat nicht bruchlos an die vorausgehenden Abschnitte anschließt.

Plutarchs Widerlegung der epikureischen Lustlehre besteht also aus verschiedenen Elementen. Über die Herkunft der einzelnen Elemente lassen sich nur sehr allgemeine Feststellungen treffen. Die Abfolge der ersten drei Punkte der Widerlegung mit der von der Erfahrung ausgehenden Polemik hat Plutarch als vorgeformten Zusammenhang übernommen[85]. In diesen Zusammenhang fügt er andere Argumente ein, die teils von ihm selbst, teils aus der Tradition stammen[86]. Den vierten Abschnitt hat er ganz aus solchen eigenen oder traditionellen Gedanken zusammengestellt[87].

Eine Zuordnung der traditionellen Elemente zu einer bestimmten Quelle ist nicht möglich. Die dritte Widerlegung des ersten Abschnittes, in der die Epikureer mit ihren eigenen Argumenten widerlegt werden, weist auf die skeptische Akademie zurück[88]. Im zweiten Abschnitt wird Karneades ausdrücklich genannt[89]. Aus den in allen vier Abschnitten zu beobachtenden Parallelen und Analogien zu Cicero schließt Bignone, daß in non posse und in de finibus dieselbe Quelle, nämlich eine Schrift des Antiochos von Askalon, zugrundeliegt[90]. Wie in der vorausgegangenen Interpretation gezeigt wurde, stimmen aber die Argumente bei Cicero und Plutarch nur in einem Fall genau überein[91]; an allen anderen Stellen lassen sich mehr oder weniger große Unterschiede beobachten, außerdem ist der Aufbau der ganzen Argumentation in beiden Schriften unvergleichbar[92]. Die Beziehungen zu Cicero lassen für non posse also nur den allgemeinen Schluß zu, daß Plutarch weitgehend mit Schulmaterial gearbeitet hat[93].

---

85. S. o. S. 27 f.
86. S. o. S. 25–33.
87. S. o. S. 33–38. – Zu einem entsprechenden Ergebnis kommt *Babut* bei der Analyse der antistoischen Schriften (S. 22–69).
88. S. o. S. 25 f.
89. S. o. S. 30.
90. Studi S. 269–275; Aristotele passim, vgl. den Namens-Index.
91. S. o. S. 31 f.
92. S. o. S. 22; 24; 35; 38.
93. Vgl. *Ziegler* Sp. 130.

III Die Freuden aus dem Erkennen und dem Handeln (Kap. 9-19)

1. Einleitung (9, 1092 d-e)

Bevor Plutarch die Freuden, deren sich die Epikureer seiner Meinung nach berauben, im einzelnen beschreibt, gibt er noch einmal eine zusammenfassende Charakteristik der von Epikur gelehrten Lust und stellt im Kontrast dazu eine Wesensbestimmung der wahren Freuden auf[1]. Die Erheiterungen der Seele, die auf körperlichem Wohlbefinden beruhen – und das sind die einzigen, die Epikur kennt[2] –, bezeichnet Plutarch als unbedeutend und nicht nennenswert, wenn sie maßvoll sind, dazu noch[3] als unfein und aufdringlich, wenn sie das gehörige Maß übersteigen. Plutarch lehnt hier also nur die übermäßige körperliche Lust ab, während der mäßige körperliche Genuß zwar nicht für bedeutend, aber auch nicht für schlecht erklärt wird. Diese Beurteilung von mäßiger und unmäßiger Lust klang im ersten Teil beim Spott des Karneades schon an[4] und entspricht Platons Einstellung zur körperlichen Lust[5].

Weiter urteilt Plutarch über die seelischen Erheiterungen der Epikureer, daß „man sie nicht als Seelenfreuden und überhaupt nicht als Freuden bezeichnen kann, sondern nur als körperliche Lustempfindungen und gleichsam als lächelnde Teilnahme der Seele." Die Begründung für dieses Urteil folgt im nächsten Satz: „Was man mit Recht für Frohsinn und Freude hält, ist frei vom Gegenteil und ohne Blutwallung, ohne Gewissensbisse und Reue; dies Gut ist der Seele eigen, wahrhaft seelisch, echt und nicht von außen herangeführt, nicht unvernünftig, sondern sehr vernünftig, denn es entsteht aus dem erkennenden und lernfreudigen oder aus dem handelnden und das Gute liebenden Teil der Seele."[6] Im Gegensatz zu den wahren, von den beiden hier genannten Seelenteilen ausgehenden Freuden füllt die Lust der Epikureer, wie Plutarch an

---

1. Zum Ausdruck ὑπὸ σοφίας παρεσκευασμένα (9, 1092 d, p. 138, 23 f.) vgl. Epic. Sent. 27.
2. Διάχυσις (9, 1092 d, p. 138, 26) ist ein epikureischer terminus, vgl. frg. 410 Us.
3. Πρὸς τῷ κενῷ καὶ ἀβεβαίῳ (9, 1092 d, p. 138, 27 f.) nimmt das vorausgegangene μηθὲν μέγα μηδ' ἀξιόλογον (p. 138, 26 f.) auf und füllt es inhaltlich.
4. 4, 1089 c. d, s. o. S. 30.
5. Resp. 586 d. e; leg. 636 d. e.
6. 9, 1092 d. e, p. 139, 1–9; vgl. quaest. conv. V, 672 d–f. Zu εὐφροσύνη als Bezeichnung für geistiges Vergnügen vgl. Prodikos bei Plato, Prot. 337 c.

einer späteren Stelle in non posse sagt, den am meisten den Leidenschaften unterworfenen Teil der Seele an[7].

Hier folgt Plutarch offensichtlich der platonischen Dreiteilung der Seele in λογιστικόν, θυμοειδές und ἐπιθυμητικόν[8], nur daß er den oberen Seelenteil θεωρητικόν und φιλομαθές, den mittleren πρακτικόν und φιλόκαλον und den unteren παθητικώτατον nennt[9].

Auch Platon ordnet jedem der drei Seelenteile eine bestimmte ἡδονή zu und unterscheidet dann entsprechend der Herrschaft eines Seelenteiles drei Arten von Menschen: Philosophen, Ehrliebende und Gewinnliebende[10]. Bei Aristoteles wird dieser Gedanke unabhängig von der platonischen Seelenteilung zu dem bekannten Schema von den drei Lebensformen – dem theoretischen, dem praktischen und dem Genußleben – weiterentwickelt[11]. Von den aristotelischen Lebensformen stammt die Bezeichnung der beiden oberen Seelenteile als θεωρητικόν und πρακτικόν[12] in non posse. Auch φιλόκαλον für den mittleren und παθητικώτατον für den unteren Seelenteil hängt von Aristoteles ab, der den, der gut handelt, φιλόκαλος nennt[13] und bei der Zweiteilung der Seele in λόγος und ἄλογον für ἄλογον auch παθητικόν sagt[14]. Dagegen erinnert φιλομαθές für den oberen Seelenteil an Platon, der diese Eigenschaft für den Philosophen fordert[15].

Wenn Plutarch hier nur die Freuden der beiden oberen Seelenteile als wahrhaft seelisch anerkennt, wird der untere Teil als der am stärksten mit dem Körper verbundene nicht zur eigentlichen Seele gerechnet[16]. Meist bevorzugt Plutarch dagegen die Zweiteilung der Seele in λόγος und ἄλογον[17], dann rückt der mittlere Seelenteil mit dem unteren zusammen, und nur der λόγος wird als eigentliche Seele gewertet[18].

---

7. 11, 1094 a, p. 142, 8: τῆς ψυχῆς τὸ παθητικώτατον.
8. Pl. Resp. 439 a ff.; bei Plutarch referiert de virt. mor. 3, 442 a. b.
9. Ebenso non posse 31, 1107 c, nur statt φιλόκαλον in Anlehnung an Platon φιλότιμον, vgl. Pl. Resp. 347 b. 553 d. In de sera num. vind. nennt Plutarch die drei Seelenteile λόγος, πρακτικόν, ἀκόλαστον (25, 565 d).
10. Resp. 580 d–583 a; Tim. 90 b.
11. EN 1095 b 14–1096 a 10; EE 1215 a 26–1216 a 36; Pol. 1324 a 25–31. Vgl. dazu *F. Dirlmeier*, Aristoteles, Nikomachische Ethik, Darmstadt 1956 S. 273 f. und Aristoteles, Eudemische Ethik, Darmstadt 1962 S. 163 f.
12. Vgl. de virt. mor. 1, 440 d ἀρετή θεωρητική statt aristotelischem διανοητική, dazu *Babut*, De la vertu S. 129.
13. EN 1099 a 13. 1125 b 12. 1179 b 9. Bei Platon dagegen wird der φιλόκαλος in einer Kategorie mit dem Philosophen genannt: Phaed. 248 d.
14. Pol. 1254 b 8.
15. Resp. 376 b. 475 c.
16. Vgl. de virt. mor. 3, 442 a und Pl. Resp. 440 a ff. (442 b), wo das θυμοειδές als σύμμαχος des λογιστικόν bezeichnet wird.
17. Z. B. de fac. in orbe lun. 28, 943 d; de Is. et Os. 49, 371 a. b. Auch die Zweiteilung ist platonisch, s. Resp. 439 d, dazu *Babut*, La nature de l'âme.
18. Vgl. de virt. mor. 11, 450 e–451 b; non posse 14, 1096 c–e, dazu u. S. 45.

41

Auch Cicero führt gegen die epikureische Lustlehre das Erkennen und Handeln als höherstehende Ziele an[19]. Seine Begründung lautet mit Berufung auf Aristoteles, daß der Mensch zum Handeln und Erkennen geboren sei[20]. Das von Plutarch angeführte Argument, daß diese Ziele mehr wahre Lust enthalten als die körperliche Lust, die für die Epikureer das höchste Gut darstellt, wird bei Cicero ausdrücklich abgelehnt: die Lust kann nicht der Beweggrund zum Erkennen und Handeln sein, weil diese Ziele oft nur unter Mühen und Entbehrungen erreicht werden[21]. Hier wird eine Schwäche der Argumentation in non posse sichtbar, und möglicherweise stellt die Begründung bei Cicero eine Modifikation des früheren, bei Plutarch überlieferten Gedankens dar, auf dessen Unzulänglichkeit die Epikureer hingewiesen hatten.

2. Die Freuden aus dem Erkennen (9, 1092 e-14, 1096 f)

Als Beispiele für den Bereich des Erkennens werden bei Plutarch und Cicero die ἱστορίαι, die Wissenschaften und die μουσική bzw. nur die Dichtung genannt[22]. Die Geschichtserzählungen, sagt Plutarch, bieten viel angenehme Unterhaltung und lassen doch das Verlangen nach Wahrheit immer weiter bestehen[23]. Im Unterschied dazu wurde im ersten Teil von der körperlichen Lust gesagt, daß das Verlangen danach schnell gesättigt und die Lust somit auf kurze Zeit begrenzt ist[24]. Die stets ungesättigte Lust an der Erkenntnis ist nach Plutarch auch der Grund für die Anziehungskraft der „Lügen" in der erzählenden Literatur. Auch Phantasiegebilde und erdichtete Geschichten wie Platons Atlantis und die letzten Gesänge der Ilias haben trotz ihrer Unglaubwürdigkeit eine gewisse Überredungskraft. „Aber das Kennenlernen der Wahrheit selbst ist so begehrt und ersehnt wie das Leben und das Sein wegen des Erkennens,

---

19. De fin. I, 23–25; II, 40 f.
20. De fin. II, 40. Der Gedanke ist in diesem Wortlaut in den uns erhaltenen Schriften des Aristoteles nicht nachweisbar, entspricht aber dem Sinn nach durchaus dem, was Aristoteles in seinen Ethiken darlegt. Vgl. *J. S. Reid*, M. Tulli Ciceronis de finibus bonorum et malorum libri I, II, Cambridge 1925, z. St.
21. De fin. I, 25; V, 57.
22. De fin. I, 25: litterae, historiae cognitioque rerum, poetarum evolutio, versuum memoria. Zu cognitio rerum s. *J. N. Madvig*, M. Tulli Ciceronis de finibus bonorum et malorum libri quinque, 3. Aufl. Kopenhagen 1876, z. St.: rerum ... magna pars ex historia sumitur.
23. 9, 1092 e, p. 139, 12 legt das überflüssige ϑ' vor ἱστορίαι eine Ergänzung oder Änderung nahe. Entweder verbessert man es mit *Wyttenbach* in γ' oder fügt mit Pohlenz αἵ τε μαθήσεις ein. – Es besteht kein Grund, das überlieferte ἀληθείας (9, 1092 f, p. 139, 13) mit *Hartman* in ἀληθοῦς zu verbessern, zumal in Zeile 20 der Begriff ἀλήθεια wieder aufgenommen wird.
24. 3, 1088 c. d, s. o. S. 26 f.

und das Düsterste am Tod ist Vergessen, Unkenntnis und Dunkelheit. Deswegen kämpfen auch beim Zeus fast alle mit denen, die den Toten die Wahrnehmung absprechen, da sie meinen, allein im Wahrnehmungs- und Erkenntnisvermögen der Seele sei Leben, Sein und Freude."[25]

Die Erklärung, die Plutarch hier für die Freude durch die Erkenntnis gibt, erinnert stark an Aristoteles, besonders an den Protreptikos. Aristoteles sagt dort, daß alle Menschen am meisten nach Erkenntnis trachten[26], und dasselbe meint Plutarch, wenn er das Verlangen nach Leben und nach Erkenntnis für gleich groß erklärt, denn das Verlangen nach Leben ist das größte menschliche Begehren[27]. Aristoteles setzt die Liebe zum Leben und die Liebe zur Erkenntnis in einen kausalen Zusammenhang: aus Liebe zur Erkenntnis wird das Leben geliebt[28]. Diesen Gedanken führt Plutarch in Beziehung auf den Tod an: am Tod ist Vergessen, Unwissenheit und Dunkelheit am schrecklichsten[29]. Wenn er weiter ausführt, daß nur in der wahrnehmenden und erkennenden Funktion der Seele Leben, Sein und Freude liegen, zeigt die Reihenfolge der Begriffe deutlich eine Abhängigkeit von Aristoteles, der im Protreptikos in eben dieser Reihenfolge den φρόνιμοι wahres Leben, eigentliches Sein und höchste Freude zuschreibt[30]. Daß Plutarch hier zu dem γιγνώσκειν, das den φρόνιμοι zukommt, das αἰσθάνεσθαι dazunimmt, hat seinen Grund in der Wendung gegen die Epikureer, die den Toten die αἴσθησις absprechen[31] und ist durchaus mit Aristoteles vereinbar, der im Protreptikos die αἴσθησις als δύναμις γνωριστικὴ διὰ σώματος bezeichnet[32].

Plutarch demonstriert die Freude an der Erkenntnis noch an einem extremen Beispiel: bisweilen hört man sogar traurige Mitteilungen mit einer gewissen Lust, wie es bei Ödipus der Fall war[33]. In der früheren Schrift de curiositate führt Plutarch Ödipus unter dem Stichwort πολυπραγμοσύνη an[34]. Vielleicht interpretiert er selbst in non posse das Beispiel neu. Diesen Fall beurteilt

---

25. 10, 1093 a, p. 139, 20–26.
26. B 72; 77 *Düring* (= frg. 7 *Ross*), ebenso Met. A1, 980 a 21.
27. Vgl. 25, 1104 c, dazu u. S. 71.
28. Protr. B 73 *Düring* (= frg. 7 *Ross*); EE 1244 b 26 ff.
29. Vgl. non posse 26, 1104 b; 27, 1105 a; dazu u. S. 71. 73.
30. B 85; 86; 87 *Düring* (= frg. 14 *Ross*).
31. Epic. Sent. 2: τὸ γὰρ διαλυθὲν ἀναισθητεῖ.
32. B 75 *Düring* (= frg. 7 *Ross*).
33. 10, 1093 a. b, p. 139, 26 ff. *Einarson/de Lacy* führen zu diesem Gedanken Pl. Phil. 48 a 5–6 und Arist. Poet. 4, 1448 b 10–19 an. Beide Stellen bieten aber keine Parallele zu Plutarch. Bei Platon geht es darum, daß der Zuschauer bei Tragödien ein Gemisch von Lust und Leid empfindet. Aristoteles führt als Beweis für die Liebe der Menschen zur μίμησις die Tatsache an, daß wir auch das, was wir in Wirklichkeit nicht gerne sehen, im Bild doch gerne anschauen. Zwar erklärt Aristoteles diese Reaktion mit der Freude am μανθάνειν, aber das Ganze bezieht sich nur auf die Kunst.
34. 14, 522 c.

Plutarch als eine Art Unbeherrschtheit der Lust und er hebt demgegenüber die große, reine und reuelose Freude an den Geschichtsschreibern hervor, zu denen er neben Herodot, Xenophon, Eudoxos, Aristoteles und Aristoxenos auch Homer rechnet. Schließlich vergleicht er in polemischen Beispielen die körperliche Lust der Epikureer mit der Freude, die das Lesen entsprechender Geschichten aus der Literatur bringt[35].

Danach behandelt er die Freude an den Wissenschaften[36]. Hier erzählt Plutarch von großen Gelehrten und ihrer Freude an Astronomie und Geometrie, deren Zauber er mit Liebestränken vergleicht[37]. Er berichtet von ihren Entdeckungen, der Art und Weise, wie sie ihrer Freude darüber Ausdruck gaben, und hält den Epikureern entgegen, daß entsprechende Freudenäußerungen über den Genuß körperlicher Lust nicht bekannt sind. Einige der historischen Beispiele, die Plutarch in non posse für die Freuden aus Erkennen und Handeln anführt, beschreibt er auch in anderen Schriften[38]. Diese hat also Plutarch in den Zusammenhang von non posse eingefügt, aber auch die anderen Beispiele hat er wahrscheinlich zum großen Teil aus seiner Kenntnis der Geschichte selbst zusammengestellt. Ihre Anwendung in non posse zur Demonstration des Grundgedankens von Teil zwei und drei zeigt besonders deutlich, daß Plutarch „die Historie immer nur als Dienerin der Philosophie angesehen und, wo er sie brauchte, zum Dienst herbeigerufen" hat[39].

Zwischen die Beschreibung der Freude aus den Wissenschaften und der durch die μουσική schiebt Plutarch einen Abschnitt ein, in dem er mit Beispielen die ablehnende Haltung der Epikureer gegen die geschichtliche Literatur und die Wissenschaften belegt und einen weiteren Grund angibt, weswegen die Epikureer sich mit dieser Einstellung selbst in eine schlechte Lage bringen[40]. Im Alter nämlich läßt der Genuß an körperlicher Lust nach und dann bleibt den Epikureern, die geistige Betätigung nicht gelernt haben, nur die unwürdige Erinnerung an frühere Lustempfindungen.

Bei Epikurs Einstellung zur μουσική beobachtet Plutarch einen Widerspruch:

---

35. Ausführlicher Bericht über Thebe und Timokleia Vita Pelop. 28. 35; de mul. virt. 259 d–260 d.
36. 11, 1093 c–12, 1096 c. 11, 1093 c, p. 140, 21 ist etwa mit *Westman* (p. 234 bei den Addenda) zu ergänzen: ταύτα‹ς μὲν τὰς ἡδονὰς ἐξωθοῦσι οὗτοι›.
37. Plutarch nennt außer Astronomie und Geometrie auch die Harmonik, bringt aber nur für die ersten beiden Wissenschaften historische Beispiele. Mit der Nennung der Harmonik will er wohl schon auf die folgende Behandlung der μουσική vorbereiten, die dann aber mehr umfaßt als Harmonik.
38. Adv. Col. 17, 1117 b; 32, 1126 c; 33, 1126 f; an seni resp. ger. sit 5, 786 a–6, 786 e; de Alex. fort. 1, 334 b; de frat. am. 16, 487 d; de mul. virt. 2, 244 d; de san. tuen. 9, 127 b; Vita Alex. 22; Cor. 4; Marc. 14–17. 30.
39. *K. Ziegler*, Plutarch in der abendländischen Welt, Gymn. 59, 1952 S. 21.
40. 12, 1094 d–1095 b.

Epikur freut sich am Theater, lehnt aber musiktheoretische und philologische Untersuchungen ab. Da beide Äußerungen Epikurs nur bei Plutarch überliefert sind, läßt sich die Haltbarkeit dieses Widerspruchs nicht überprüfen. Plutarch nennt dann verschiedene Könige, die Dichter oder Philologen an ihren Hof berufen haben und zählt eine Reihe musiktheoretischer und philologischer Probleme auf. Dazwischen richtet er höhnische Fragen an Epikur, die dessen feindliche Haltung gegenüber allem Schönen bloßstellen sollen[41].

Am Ende des zweiten Teiles urteilt Plutarch noch einmal grundsätzlich über die epikureische Einstellung zur Freude aus dem Erkennen[42]. Er wirft Epikur vor, daß er den denkenden Teil der Seele wie mit Bleigewichten[43] in den Körper zieht und den Menschen auf diese Weise zum Tier macht. Dieses Vorgehen ist nach Plutarch unsinnig, denn entweder nimmt man zwei Naturen, Körper und Seele, im Menschen an, dann muß man auch jeder Natur eine eigene ἡδονή zugestehen, oder man muß die Seele leugnen. Wie jede αἴσθησις ein eigenes Objekt hat, argumentiert Plutarch weiter, muß auch das αἰσθητήριον der Seele, nämlich der νοῦς, irgendetwas haben, über dessen Auftreten es sich freut.

Plutarchs Beweisgang beruht hier auf der Voraussetzung, daß auch Epikur den Menschen aus Körper und Seele zusammengesetzt sein läßt. Daß Plutarch das annahm, geht auch aus einer Stelle in adv. Col. hervor: εἰ γὰρ τὸ ἀμφοῖν, ὡς ἀξιοῦσι αὐτοί, σώματος τοιοῦδε καὶ ψυχῆς ἄνθρωπός ἐστιν.[44] *Westman* vermutet, daß Plutarch mit diesem Satz die bei Sextus überlieferte Definition Epikurs aufnimmt: ἄνθρωπός ἐστιν τοιουτονὶ μόρφωμα μετ' ἐμψυχίας.[45] Ob Plutarch sich nun an diese oder eine ähnliche Aussage Epikurs hält, auf jeden Fall gilt, was *Westman* weiter ausführt, daß Plutarch hier die Lehre Epikurs in seine eigene Terminologie umgesetzt hat: ein Epikureer könnte nicht von σῶμα *und* ψυχή sprechen, weil für ihn auch die Seele körperlich und daher im σῶμα inbegriffen ist[46]. Mit der anderen Terminologie wird auch eine andere Vorstellung auf Epikurs Aussage übertragen und diese dadurch verfälscht[47]. Denn nun kann Plutarch zwei φύσεις im Menschen konstatieren, was Epikur gerade abgelehnt hätte. Der Beweis zum Abschluß von Teil zwei geht also an Epikurs Lehre vorbei.

---

41. 13, 1095 b–1096 c.
42. 14, 1096 c–f.
43. Das Bild stammt aus Pl. Resp. 519 a. b.
44. 20, 1118 d.
45. *Westman* S. 158; Epic. frg. 310 Us.
46. Daher spricht Epikur auch im Herodot-Brief von τὸ λοιπὸν ἄθροισμα, wenn er den Körper ohne die Seele meint (§ 64; 65; *Westman* a. a. O.).
47. In adv. Col. spielt das keine Rolle, da es dort nur auf den Nachweis ankommt, daß Epikur sich um das Wesen der Seele Gedanken gemacht hat (20, 1118 d–f).

3. Die Freuden aus dem Handeln (15, 1097 a-19, 1100 d)

Zuerst stellt Plutarch fest: Epikur sagt selbst, daß Gutes zu tun angenehmer ist als Gutes zu empfangen, und rühmt die guten Taten seiner Schüler sehr. Der Freude Epikurs an den Taten seiner Schüler hält Plutarch entgegen, daß andere Philosophen an den Taten ihrer Schüler größere Freude hatten, weil ihre Schüler in der Öffentlichkeit wirkten und daher bedeutendere Taten vollbrachten. Dann konstatiert Plutarch einen Widerspruch in Epikurs Einstellung: Epikur rühmt die guten Taten seiner Schüler, die großen Taten berühmter Männer schätzt er aber gar nicht[48]. Plutarch übersieht hier, daß Epikur zur Sicherung eines lustvollen Lebens der Freundschaft zwar eine hohe Bedeutung beimißt, dem Wirken in der Öffentlichkeit aber ein zurückgezogenes Leben vorzieht[49]. Dann vergleicht Plutarch polemisch die seelischen Freuden der Epikureer mit den Freuden durch große Taten, die Freude über die gute Verfassung des Körpers mit der Freude an den Taten von Epameinondas, Marcellus und Lykurg. Er verwirft die Freuden der Epikureer als sklavisch und belegt mit Zitaten, daß die Epikureer nur an körperliche Lust denken[50]. Der ganze Rest des dritten Teiles dient dem Nachweis von der Größe der Freude, die von guten Taten ausgeht: die großen Wohltäter ernten von allen Seiten Dank[51]; die Freude am Handeln ist so groß, daß jeder nicht ganz verdorbene Mensch kurz vor seinem Tode noch eine gute Tat vollbringen will[52]; wer die Freuden aus dem Handeln kennt, verachtet die körperlichen Genüsse[53]; die Erinnerung an große Taten bleibt

---

48. 15, 1097 a–d. Die Beispiele berühmter Männer, die Plutarch 15, 1097 c; 16, 1098 a.b; 17, 1099c anführt, finden sich nur z.T. auch bei Cicero de fin. II, 97. 115. 116, lassen daher keinen Rückschluß auf eine gemeinsame Quelle zu (gegen *Bignone*, Studi S. 270).
49. Sent. 27; 14.
50. 16, 1097 d–1098 d. *Bignone* stellt 16, 1097 a, p. 150, 14–20 Anspielungen auf den Brief Epikurs an die Philosophen in Mytilene fest, ohne diese Vermutung mit trifftigen Gründen belegen zu können (Aristotele II S. 170 f. 191). Die ähnliche Verwendung eines Dichterzitates in 16, 1098 a und de fin. II, 106 ist zu wenig charakteristisch, um als Hinweis auf eine gemeinsame Quelle gelten zu können (gegen *Bignone*, Studi S. 270).
51. 17, 1098 d–1099 a.
52. 17, 1099 a. b.
53. 17, 1099 b–d.

jahrhundertelang bestehen[54]; große Taten bringen großen Ruhm[55]. Die beiden letzten Beispiele entwickelt Plutarch im Gegensatz zu Aussagen von Epikur. Im ersten Teil war gezeigt worden, daß Epikur der Erinnerung an vergangene Lust große Bedeutung beimißt[56], jetzt repliziert Plutarch, daß die Erinnerung an große Taten viel stärker ist und länger dauert. Er zeigt an Beispielen, daß Epikur selbst nach Ruhm strebte, und hält ihm entgegen, daß sein Leben ruhmlos und also nach seinen eigenen Maßstäben nicht lustvoll war. Unter den Beispielen für ruhmloses Verhalten nennt er auch ἀθεότης und unter den Beispielen für das, was Ruhm bringt, Orakel, Mantik und göttliche Vorsehung. Mit diesen Begriffen ist der Übergang zum vierten Teil von non posse geschaffen[57].

54. 18, 1099 d–f. 18, 1099 d bezieht sich Plutarch auf denselben Brief Epikurs, der in de fin. II, 96 zitiert wird. Vgl. *Bignone*, Studi S. 270.
55. 18, 1099 f–19, 1100 d. 18, 1100 a wird dasselbe Stück aus einem Brief Epikurs zitiert, auf das de frat. am. 16, 487 d angespielt wird. *Flacelière* (S. 207) stellt fest, daß Plutarch in de frat. am. das Verhalten der Brüder Epikurs lobt, während es in non posse angegriffen wird, und schließt daraus, daß sich Plutarchs ursprüngliche Bewunderung für Epikur in Feindschaft verwandelt habe. Dieser Schluß ist nicht zutreffend, da die Briefstelle in beiden Schriften unter einem anderen Gesichtspunkt angeführt und daher verschieden beurteilt wird. In de frat. am. wird die Sorge Epikurs und die Liebe seiner Brüder bewundert, während es in non posse um den Ruhm geht, den Epikur erwerben wollte, indem er die Verehrung seiner Brüder für ihn in einem Brief beschrieb. Plutarchs Einstellung gegenüber Epikur ist durchgängig negativ, s. o. S. 2 f.
56. 4, 1088 e–1089 d, s. o. S. 28 ff.
57. Vgl. o. S. 15 f.

IV Die Freuden aus dem Götterglauben (Kap. 20-23)

Erkennen und Handeln führt auch Cicero gegen Epikur ins Feld. Wenn man das epikureische Ideal als Genußleben einschätzte, lag es ja auch nahe, Epikur die anderen beiden traditionellen Lebensformen entgegenzuhalten. Die Freuden aus der Religion, die die Gläubigen im Diesseits erfahren und für das Jenseits erhoffen, und die Plutarch in den letzten beiden Teilen von non posse behandelt, fügen sich nicht in den Rahmen der drei Lebensformen. Da andere Zeugnisse für eine derartige Argumentation gegen Epikur fehlen, kann man annehmen, daß dieser Gedanke originell plutarchisch ist[1]. Von den religiösen Freuden hätte Plutarch die Freude an der Theologie, der höchsten Form der Philosophie[1a], auch bei den Freuden des Denkens darstellen können, alle anderen religiösen Freuden hätten sich aber unter den Freuden des Denkens und Handelns nicht einordnen lassen. Diese waren Plutarch offenbar so wichtig, daß er ihnen die beiden letzten Teile von non posse widmete. Zur Ausführung des Grundgedankens übernimmt er einmal traditionelle Elemente, einmal erwachsen sie auch direkt aus seinen eigenen positiven Ausführungen verbunden mit seiner Kenntnis von Epikur, wie die folgende Interpretation zeigen wird.

1. Die ἀθεότης der Epikureer (20, 1100 e-21, 1101 c)

Aristodem beginnt die Behandlung des Götterglaubens, indem er zuerst wiederholt, was schon bei der Widerlegung der epikureischen Lustlehre über Epikurs Einstellung zu den Göttern gesagt wurde: Epikur hebt zwar die abergläubische Furcht[2] auf, zugleich damit aber auch jegliche positive Erwartung gegenüber den Göttern[2a]. Dann vergleicht Aristodem diese Einstellung zu den Göttern mit der stoischen Apathie gegenüber Menschen, die Epikur selbst verurteilt (1101 a). Nach Epikurs Meinung beruht die Apathie beim Verlust von Freunden auf Roheit und Ruhmsucht, daher sei es besser, Trauer zu empfinden. Aristodem beruft sich hier auf die Briefe Epikurs und gibt an, daß er sie gerade gelesen

---

1. Weitere Beispiele für Plutarchs Originalität s. bei *Görgemanns*, Untersuchungen S. 75.
1a. De def. or. 2, 410 b: φιλοσοφίας θεολογίαν ... τέλος ἐχούσης.
2. φόβον ... καὶ δεισιδαιμονίαν ist ein Hendiadioin s. u. S. 51.
2a. Vgl. 8, 1091 e–1092 d, dazu o. S. 37.

habe (1101 b). Das kann als Hinweis gewertet werden, daß Plutarch selbst die Briefe Epikurs gelesen hat und durch diese Lektüre zu einem analogen Urteil (λέγω μιμούμενος) über die epikureische ἀθεότης angeregt wurde: ἀθεότης ist nicht weniger schlimm als Roheit und Ruhmsucht; daher ist es besser, mit dem Glauben an die Götter auch Furcht vor ihnen zu haben, als zugleich mit der Furcht auch Hoffnung und Freude, Zuversicht im Glück und Zuflucht zu den Göttern im Unglück zu verlieren. Plutarch stimmt mit Epikur darin überein, daß die δεισιδαιμονία vom Glauben entfernt werden muß, aber nur wenn der Glaube damit nicht zugleich aufgehoben wird[3]. Die ἀθεότης wird hier also für ein schlimmeres Übel gehalten als die δεισιδαιμονία.

Genau den entgegengesetzten Standpunkt hatte Plutarch in der Jugendschrift de sup.[4] vertreten: von den beiden Fehlern, die aus der Unkenntnis über die Götter entspringen, ἀθεότης und δεισιδαιμονία[5], ist die δεισιδαιμονία das weitaus größere Übel, weil sie das Leben in ständige Schrecken versetzt[6]. Wer hier eine Entwicklung im religiösen Denken Plutarchs feststellt[7], übersieht, daß

3. Der Glaube an die Götter wird 21, 1101 c einmal δόξα und einmal πίστις genannt. Mit δόξα bezeichnet Plutarch allgemein jeden Glauben an die Götter, mit πίστις positiv den von ihm gebilligten, so Amat. 13, 756 b zuerst allgemein τῆς περὶ θεῶν δόξης, ἣν ἔχομεν, dann positiv wertend ἡ πάτριος καὶ παλαιὰ πίστις. Für die positive Wertung in πίστις s. auch de Pyth. or. 18, 402 e; de Is. et Os. 23, 359 f. Die communis opinio, daß πίστις erst mit dem Christentum ein grundlegender religiöser Begriff wird (s. *R. Bultmann*, Theolog. Wörterbuch Bd VI, S. 178 f.; *K. Kerenyi*, Die Religion der Griechen und Römer, München–Zürich 1963, S. 102), ist also nicht zutreffend (s. *Babut*, Stoicisme S. 515 Anm. 5).
4. De sup. gehört zu den rhetorischen Jugendschriften, s. *Ziegler* Sp. 80. 189 f.
5. 1, 164 d, und zwar kommt ἀθεότης bei starren, δεισιδαιμονία bei nachgiebigeren Charakteren zustande. Die gleiche Charakterisierung der ἄθεοι und δεισιδαίμονες auch de Is. et Os. 71, 379 e. Diese Stelle führt *D. A. Russell* also zu Unrecht als Beispiel an, um den unterschiedlichen Ton in de Is. et Os. und de sup. zu zeigen (On reading Plutarch's Moralia, G & R 15, 1968, S. 134).
6. Die günstigere Beurteilung der ἀθεότης in de sup. wird von *W. Abernetty* sehr übertrieben, wenn er meint, daß Plutarch den ἄθεος kaum tadele, und daraus folgert, daß die Vorlage Plutarchs in de sup. (abgesehen von Anfang und Ende der Schrift) die Schrift eines ἄθεος gewesen sein muß (De Plutarchi qui fertur „de superstitione" libello, Diss. Königsberg 1911, S. 73. 92). Obgleich schon *K. Hubert* in seiner Rezension (Woch. klass. Phil. 1912, Sp. 1228 f.) kritische Bedenken gegen diese These geäußert hat, wird sie von *Erbse* (S. 299) noch übernommen. Bei genauer Betrachtung zeigt sich aber, daß der Standpunkt der εὐσέβεια, der im 1. Kapitel von de sup. zugrundeliegt, fast durch die ganze Schrift festgehalten wird. Die ἀθεότης wird zwar gegenüber der δεισιδαιμονία als kleineres Übel, jedoch fast immer eben als **Übel** dargestellt. Nur im 7. und 8. Kapitel bei dem Vergleich des ἄθεος und des δεισιδαίμων im Unglück wird die ἀθεότης positiv geschildert. Nur dieses Stück, in dem Plutarch auch Bion von Borysthenes zitiert (7, 168 d), kann also von einem ἄθεος stammen.
7. So *Flacelière*, der darin zugleich eine Entwicklung in der Einstellung Plutarchs gegenüber dem Epikureismus sieht (vgl. o. S. 3 Anm. 10); *Erbse* (S. 303), der aber betont, daß sich Plutarchs ablehnende Haltung zur δεισιδαιμονία nicht ändert; *Ziegler* (Sp. 189 f.) führt im Anschluß an *Abernetty* (a. a. O. S. 74–78) außer der Beurteilung von

beide Schriften ausgesprochen polemischen Charakter haben, und man daher mit Überspitzung der Thesen rechnen muß[8]. Daß Plutarch nicht etwa im reiferen Alter die δεισιδαιμονία für das geringere Übel gehalten hat, beweist eine Stelle aus de Is. et Os., einer Schrift, die zeitlich nahe zu non posse gehört[9]. Er sagt dort der Isis-Priesterin Klea zu, wenn sie sich an seine Ratschläge hält: οὐδὲν ἔλαττον ἀποφεύξῃ κακὸν ἀθεότητος δεισιδαιμονίαν[10]. Zwar hat Plutarch auch hier eine bestimmte Person und ihre Geisteshaltung im Auge – die fromme Klea verabscheut natürlich ἀθεότης, und man muß ihr zeigen, daß δεισιδαιμονία ebenso schlimm ist –, aber er spricht nicht in polemischer Form, sondern ruhig und feundlich. Hier darf man am ehesten Plutarchs wahre Meinung erwarten. In de Is. et Os. erscheinen auch sonst δεισιδαιμονία und ἀθεότης als die beiden möglichen Abweichungen von der wahren Frömmigkeit, ohne daß eine der beiden als schlimmer herausgestellt wird[11]. Auf die unterschiedliche Bewertung kommt es Plutarch also gar nicht an: er verwirft beide Haltungen und beurteilt nur in dem Fall die eine relativ besser, wenn er die andere umso wirkungsvoller bekämpfen will.

Der unterschiedlichen Beurteilung der δεισιδαιμονία in de sup. und non

---

δεισιδαιμονία und ἀθεότης noch andere Unterschiede zu den Schriften der Reifezeit an: Fehlen der Dämonologie, abweichende Stellung zur Mythologie und Jenseitslehre. Aber auch später verwirft Plutarch Mythen, die von den Göttern Schlechtes berichten (z.B. de Is. et Os. 20, 358 e), er benutzt nur darüberhinaus die Möglichkeit, die Mythen den Dämonen zuzuschreiben (a. a. O. 25, 360 ff.; de def. or. 15, 417 e. f) oder allegorisch zu interpretieren (de Is. et Os. 49, 371 ff.). Daß Dämonen in de sup. nicht genannt werden, muß nicht bedeuten, daß Plutarch noch keine Dämonologie entwickelt hat (s. *R. M. Jones* S. 39), auch in non posse ist nicht von Dämonen die Rede (s. u. S. 57). Ferner erscheint auch hier die Furcht vor dem Hades als ein, wenn auch nützlicher, Irrglaube (25, 1104 a. b, s. u. S. 77 ff.). Der Unterschied zwischen de sup. und den späteren theologischen Schriften liegt also nicht im Inhalt, sondern in der ausgeprägt rhetorischen Form von de sup. Zur rhetorischen Form vgl. *Fr. Krauss*, Die rhetorischen Schriften Plutarchs und ihre Stellung im plutarchischen Schriftenkorpus, Diss. München 1912, S. 69–76.
8. In de sup. wird die Überspitzung meist erkannt (*Oakesmith* S. 185 f.; *R. M. Jones* S. 27; *Moellering* S. 111), in non posse dagegen oft Plutarchs wahre Meinung gefunden (*O. Gréard*, De la Morale de Plutarque, 8. Aufl. Paris 1892, S. 269 f; *R. M. Jones* a. a. O.). Den polemischen Charakter beider Schriften bemerken *Decharme* (S. 422), *Beaujeu* (S. 209) und *Babut* (Stoicisme S. 523–525). *Beaujeu* beobachtet richtig, daß Plutarch in erster Linie das Elend der Epikureer und das Glück der Gläubigen darstellen will, aber er geht zu weit, wenn er daraus schließt, daß für Plutarch das Kriterium der wahren Religion weniger in der theologischen Wahrheit liege als in der Freude, die sie dem Gläubigen gibt. Die Frage der Freude wird in non posse nur ausschlaggebend, weil Epikur seinerseits beansprucht, durch die Aufhebung des traditionellen Götterglaubens zur ἡδονή beizutragen. Wie auch sonst oft will Plutarch hier also den Gegner mit seinen eigenen Waffen schlagen, s. o. S. 33.
9. *Ziegler* Sp. 80: „nicht oder jedenfalls nicht viel vor 100 geschrieben."
10. 11, 355 d.
11. 67, 378 a; 71, 379 e; ebenso Vita Cam. 6, 6; Alex. 75, 2.

posse entspricht eine jeweils verschiedene Darstellung in beiden Schriften. Plutarch gebraucht δεισιδαιμονία und δεισιδαίμων immer in der negativen Bedeutung „Angst vor den Göttern" bzw. „in Angst vor den Göttern", die seit Theophrast vorherrscht[12]. Nach der Beschreibung bei Theophrast hat diese Angst folgende Auswirkungen: der δεισιδαίμων sieht immer und überall Zeichen der Gottheit, durch die er sich bedroht oder befleckt fühlt, und versucht sich vor ihnen durch möglichst zahlreiche und starke Reinigungen zu retten[13]. Auch der normale Gläubige glaubt an Vorzeichen und wendet Mittel zur Reinigung an; was den δεισιδαίμων von ihm unterscheidet, ist nur die Übertreibung in beidem[14]. Ganz entsprechend schildert Plutarch den δεισιδαίμων in de sup.: er ist ständig durch die Angst vor den Göttern beunruhigt, sie verfolgt ihn bis in den Schlaf und geht über das Leben hinaus, weil sie auch vom Jenseits nur Schlimmes erwartet[15]. Die Folge dieser Angst sind Zauberpraktiken, die unter dem Einfluß orientalischer Kulte zu Plutarchs Zeit wohl noch übertriebenere Formen angenommen hatten[16].

Nun ist für Plutarch aber jegliche Furcht vor den Göttern unberechtigt, da von ihnen nur Gutes ausgeht[17]. Daher bezeichnet er jede Furcht vor den Göttern, in welchem Maße sie auch auftritt, als δεισιδαιμονία, nicht nur wenn sie wie in der Schilderung von de sup. übertriebene Formen annimmt und keine erfreuliche Beziehung zu den Göttern mehr zuläßt. Von dieser Möglichkeit, unter δεισιδαιμονία sowohl einen beliebig großen Anteil von Furcht innerhalb eines sonst auch von Freude und Hoffnung bestimmten Glaubens[18] als auch

---

12. Vorher läßt sich δεισιδαίμων nur in der positiven Bedeutung „gottesfürchtig" nachweisen, die auch nach Theophrast von manchen Autoren beibehalten wird. Vgl. dazu und zum Folgenden *Z. Bolkestein*, Theophrastos' Charakter der Deisidaimonia, Religionsgesch. Versuche u. Vorarbeiten 21, 1929; *P. J. Koets*, Δεισιδαιμονία, Purmerend 1929.
13. Char. 16.
14. Vgl. bei *Bolkestein* a. a. O. vor allem die Zusammenfassung S. 72–78.
15. De sup. 3, 165 d–4, 167 a.
16. De sup. 3, 166 a; s. dazu *Decharme* S. 419 f.; *R. M. Jones* S. 27; *E. R. Dodds*, The Greeks and the Irrational, Berkeley and Los Angeles 1951, S. 253.
17. De sup. 6, 167 d; non posse 22, 1102 d; De Is. et Os. 45, 369 a. Weitere Stellenangaben s. u. Anm. 65. An die Dämonen im eigentlichen Sinn, die zwischen Menschen und Göttern stehen, die auch böse sein können und daher zu fürchten wären, denkt Plutarch bei dem Begriff δεισιδαιμονία nicht (*Bolkestein* S. 13 Anm. 2; *Erbse* S. 298 gegen *Hirzel* II S. 157 Anm. 3; gegen *Erbse* ohne überzeugende Gründe *Moellering* S. 133 f.). Die Anmerkung b S. 133 bei *Einarson/de Lacy* „Deisidaimonia is literally ,fear of the daemons' " trägt also nicht zum Verständnis des Begriffes, wie Plutarch ihn versteht, bei.
18. Numa 8, 4: Numa besänftigte das Volk von Rom mit Hilfe der Religion, indem er vor allem Opfer, Prozessionen und Chöre einsetzte, die Freude bereiten; ἔστι δ' ὅτε καὶ φόβους τινὰς ἀπαγγέλλων παρὰ τοῦ θεοῦ ... ἐδούλου καὶ ταπεινὴν ἐποίει τὴν διάνοιαν αὐτῶν ὑπὸ δεισιδαιμονίας. Non posse 21, 1101 d über den Glauben der Menge: ἔχει ... τινὰ σφυγμὸν καὶ φόβον, ᾗ καὶ δεισιδαιμονία κέκληται.

einen Götterglauben, der nur Furcht kennt, zu verstehen, macht er in den polemischen Schriften de sup. und non posse Gebrauch. In de sup., wo die δεισιδαιμονία bekämpft wird, stellt er nur die Möglichkeit eines von Furcht ganz und gar beherrschten Glaubens dar, demgegenüber sogar die ἀθεότης als besser erscheint. In non posse dagegen bildet diese Art der δεισιδαιμονία nur noch eine kleine Gruppe, während bei der Mehrzahl die δεισιδαιμονία lediglich *ein* Moment ihres Glaubens darstellt, das von anderen, positiven Elementen überwogen wird. Näheres über beide Fälle wird im Folgenden ausgeführt.

2. Die schlechten Menschen (21, 1101 c-d)

Um zu zeigen, daß bei dem Glauben an die Götter, den die Epikureer zu Unrecht zusammen mit der Furcht vor den Göttern aufheben, in jedem Fall das Positive überwiegt, teilt Plutarch die Gläubigen in drei Gruppen ein: 1. Die wenigen Schlechten, die nur Furcht vor Gott haben[19]; 2. Die große Menge, bei der Furcht und Freude gemischt ist, wobei die Freude überwiegt[20]; 3. Die Guten, die über die Götter die richtigen Anschauungen und aus dem Glauben nur Freude haben. Diese Dreiteilung ist im Blick auf die Herkunft der religiösen Gedanken eine Zweiteilung[21]: die Philosophie auf der einen Seite und auf der anderen der Volksglaube, dessen Vertreter unterteilt sind in die große Menge, die aus dem Glauben auch Freude hat, und die Wenigen, die nur Furcht empfinden. Plutarch kennt auch die stoische Dreiteilung der Theologie in die der Dichter, der Gesetzgeber (das entspricht dem Volksglauben) und der Philo-

---

19. Nicht „einen tragbaren Rest von φόβος" (*Erbse* S. 303). – 21, 1101 c, p. 158, 25 besteht kein Grund vom überlieferten Text abzugehen und mit *Pohlenz* οὐκ vor ὀλίγοι hinzuzufügen, denn den ὀλίγοι werden 21, 1101 d, p. 159, 6 die πολλοί entgegengesetzt (s. *L. Castiglioni*, Gnom. 26, 1954, S. 83); der Gedanke ist platonisch, vgl. Resp. 491 d. e; 495 b; 500 a; Pol. 303 a; Krit. 44 d; Phaed. 90 a). Daß diese Wenigen schlecht sind, wird hier durch ihr Verhalten gezeigt, 22, 1102 d und 25, 1104 a ausdrücklich gesagt.
20. Daß in dieser Gruppe **auch** Furcht vorhanden ist, übersieht *Flacelière* S. 208.
21. Eine Dreiteilung der Menschen unter moralischem Aspekt findet sich auch im Mythos von de sera num. vind.: 23, 564 b erwähnt Plutarch die guten Seelen und 25, 564 e. f unterscheidet er bei den schlechten Seelen heilbar und unheilbar schlechte. (Die Unterscheidung von heilbar und unheilbar schlechten Menschen übernimmt Plutarch aus den platonischen Mythen in der Politeia, im Gorgias und im Phaidon 107 ff., s. *R. M. Jones* S. 67). Zu der Frage, ob dieselbe Dreiteilung in de lat. viv. 7, 1130 c–e vorliegt, s. u. S. 70 Anm. 19. Es ist möglich, daß Plutarch auch in non posse von dieser Dreiteilung ausgegangen ist (so *G. M. Lattanzi*, La compositione del De latenter vivendo di Plutarco, Riv. fil. 10, 1932, S. 334), sicher läßt es sich aber nicht sagen, da er in non posse die Erwartung jeder Gruppe für das Jenseits beschreibt und nicht das, was nach seiner Meinung tatsächlich eintreten wird. Nur bei den Guten entspricht sich beides, da sie die νοῦν ἔχοντες sind.

sophen[22]. Im Unterschied zu den Stoikern lehnt er aber die Dichter als Autorität ab[23]. Die überlieferte Religion interpretiert er mit Hilfe der Philosophie, genauer gesagt nach seinem Verständnis der platonischen Philosophie[24], wie die folgenden Ausführungen im einzelnen zeigen werden.

Für die δεισιδαίμονες in de sup. ist kennzeichnend, daß sie vor den Göttern ständig Furcht haben, selbst an kultischen Festen nehmen sie nur mit Zittern teil[25], ihnen entspricht also die erste Gruppe von Gläubigen in non posse. In de sup. wird die δεισιδαιμονία mit keinem moralischen Urteil verbunden[26], und die Furcht wurzelt in der allgemeinen Überzeugung, daß die Götter daran Gefallen finden, den Menschen Übles zuzufügen[27]. In non posse charakterisiert Plutarch die δεισιδαίμονες, die gegenüber den Göttern ausschließlich Furcht kennen, als schlecht[28] und läßt sie in Gott den gerechten Herrscher sehen, der die Untaten bestraft[29]. So gewinnt er die Möglichkeit, auch von ihrer Furcht Positives auszusagen: wegen der Furcht vor den Göttern halten sie mit ihrer Schlechtigkeit zurück und leben so ruhiger, als wenn sie wegen ihres Unrechts immer Angst haben müßten – nämlich davor, daß sie entdeckt werden könnten[30].

Wenn Plutarch die abschreckende Wirkung der Religion nur für die wenigen Schlechten erwähnt, bedeutet das nicht, daß er sie für die Menge ausschließt: andere Stellen zeigen, daß er auch für die große Menge diese Funktion der δεισιδαιμονία kennt und billigt[31]. Nur ist es für die Schlechten eben das einzige Positivum, das er nennen kann, während ihm bei der Menge die Freude an der Religion wichtiger ist.

---

22. Amat. 18, 763 c; de Is. et Os. 45, 369 b. Stoisch nach Aëtius I, 6, 9 (*Diels* Dox. S. 295).
23. De aud. poet. 2, 16 a; *R. M. Jones* S. 22 f.
24. De Is. et Os. 68, 378 a; *R. M. Jones* S. 23.
25. 9, 169 e.
26. Vgl. *Bolkestein* a. a. O. S. 73 Anm. 5, dagegen *Moellering* S. 90 f. ohne treffende Gründe.
27. 6, 167 d.
28. Daß sich bei Menschen, in denen das Schlechte vorherrscht, immer auch δεισιδαιμονία findet, sagt Plutarch auch de sera num. vind. 11, 556 b.
29. Daß die Götter Untaten bestrafen (bzw. die Dämonen als ihre Vermittler de def. or. 13, 417 a; de coh. ira 9, 458 b), meint auch Plutarch (s. den Dialog de sera num. vind., der von dieser Voraussetzung ausgeht). Aber auch darin sieht er keinen Grund zur Furcht vor den Göttern, da solche Strafen der Heilung dienen (de sera num. vind. 20, 562 d).
30. Vgl. 6, 1090 c. d; de sera num. vind. 9, 554 b. e; 10, 554 e; 11, 556 a.
31. De gen. Socr. 9, 580 a; Vita Num. 8, 4; vgl. 4, 12; Eum. 13, 4. Von einer solchen positiven Funktion der δεισιδαιμονία ist de virt. et vir. 2, 100 f nicht die Rede, wie *Moellering* S. 76 f. meint, sondern die δεισιδαιμονία wird hier als ein Beispiel der κακία unter anderen aufgeführt (δεισιδαιμονία stört den Schlaf wie andere Laster). Daß hingegen non posse 21, 1101 d mit φόβος die δεισιδαιμονία gemeint ist, übersieht *Moellering* ebenda.

Die Forderung, daß die Volksreligion um des moralischen Verhaltens der Menge willen erhalten werden muß, ist zum ersten Mal bei Polybios greifbar. Er sieht einen der Hauptvorzüge des römischen Staatswesens in der außerordentlichen Beachtung der Religion und begründet dieses Urteil so: in einem Staat von Weisen bräuchte man wohl keine Religion, aber die haltlose Menge, die von ungesetzlichen Begierden erfüllt ist, kann nur durch Furcht vor den Göttern gebändigt werden; daher haben die Alten klug gehandelt, wenn sie der Menge die Vorstellung von den Göttern und vom Hades nahebrachten[32]. Diese Einschätzung der Volksreligion hat Polybios wahrscheinlich von der Stoa übernommen[33], ihre Wurzeln reichen aber zurück bis in die Sophistik[34]. Näher als Polybios steht Plutarch Epiktet, der den skeptischen Akademikern vorwirft, daß sie mit der Leugnung der Götter zum Unrechttun ermuntern[35]. Im Unterschied zu Polybios, der die Volksreligion *nur* aus pädagogischen Gründen aufrechterhalten will[36], sind Plutarch und Epiktet auch selbst innerlich mit dieser Religion verbunden[37]. Im Zusammenhang von non posse gibt Plutarch der überkommenen Vorstellung von der staatserhaltenden Funktion der Religion eine be-

---

32. IV, 56, 6–12; vgl. XVI, 12, 9–11. Von Polybios beeinflußt Strabo I, 2, 8; Diodor 34/35, 2, 47. – Nach römischem Selbstverständnis ist es allerdings nicht so sehr die moralische Wirkung der Religion als die peinliche Beobachtung des Kultes als solche, die Rom groß gemacht hat (s. *Antonie Wlosok*, Römischer Religions- und Gottesbegriff in heidnischer und christlicher Zeit, A u. A 16, 1970 S. 39–53, besonders S. 39–45). So meinen aufgeklärte Römer wie der Pontifex Maximus Q. Mucius Scaevola und Varro zwar auch, daß der ererbte Kult beibehalten und das Volk in Religionsfragen getäuscht werden muß (expedire falli in religione civitates), ohne jedoch wie Polybios auf die Sicherung der Moral zu verweisen (Augustin, de civ. dei IV, 27; VI, 5. 6. Dazu *C. Koch*, Der altrömische Staatskult im Spiegel augusteischer und spätrepublikanischer Apologetik, Convivium, Festschr. *Ziegler*, 1954 S. 85–120; wiederabgedruckt in Religio, Nürnberg 1960 S. 176–204).
33. Vgl. Epiktet Diss. II, 20, 35; *R. von Scala*, Die Studien des Polybios, Stuttgart 1890, S. 209 f.; *K. Ziegler*, RE XXI s.v. Polybios, Sp. 1471. Zu Unrecht verbindet *Nilsson* (II S. 191) diese Vorstellung mit der stoischen Dreiteilung der Theologie (s. o. S. 52 f.) Wie *P. Boyancé* herausgestellt hat, betrifft die Unterscheidung einer physischen, einer mythischen und einer politischen Theologie nur die Herkunft der verschiedenen Gottesvorstellungen und ist ursprünglich nicht mit einer unterschiedlichen Bewertung der drei Theologien verbunden (*P. Boyancé*, Sur la théologie de Varron, Rev. ét. anc. 57, 1955, S. 58–60).
34. Schon Kritias lehrte, daß die Religion erfunden sei, um die Menschen von geheimem Unrecht abzuhalten (frg. 25 *Diels*). Den Gedanken von der „Erfindung" der Religion nimmt Polybios auf, verbindet damit aber die Forderung nach der Beibehaltung der Religion. Der Zusammenhang von Götterglauben und Moral wird auch Xen. Mem. I, 4 und Isocr. XI, 24. 25 betont.
35. Diss. II, 20, 35.
36. Für ihn ist die römische Religion δεισιδαιμονία und hat jede Religion mit ἄθεοι φόβοι und τοιαύτη τραγῳδία zu tun, vgl. *K. Ziegler* a. a. O. Sp. 1542.
37. Vgl. Diss. II, 20. 27. 32 f., dazu *A. Bonhöffer*, Die Ethik des Stoikers Epiktet, Stuttgart 1894, S. 76. 82 f.

sondere Wendung: er stellt sich auf Epikurs Anspruch, das individuelle Glück zu erhöhen, ein und zeigt den Vorteil der abschreckenden Wirkung der Religion für den einzelnen.

3. Die große Menge (21, 1101 d-1102 c)

Den Götterglauben der großen Menge von ungebildeten, aber nicht ganz schlechten Menschen beschreibt Plutarch so: ein gewisses Maß an Furcht, δεισιδαιμονία, ist zwar in ihrer Götterverehrung enthalten, aber weitaus größer sind „Zuversicht und Freude und die Vorstellung, daß jeder Vorteil des Wohlergehens, den man erbittet und empfängt, von den Göttern kommt"[38]. Zum Beweis führt Plutarch die Freude durch die Kultausübung an: „Kein Aufenthalt erfreut mehr als der in den Heiligtümern, keine Zeit mehr als die der Feste, nichts anderes, was wir tun oder sehen mehr, als was wir sehen oder selbst tun zu Ehren der Götter, indem wir Orgien feiern oder Tänze aufführen oder an Opfern und Einweihungen teilnehmen." Diese Freude ist sozial, sie ergreift auch die Alten, die Armen und sogar die Sklaven. Auch die Reichen erleben hier eine Freude, die über die Freude bei ihren Gastmählern weit hinausgeht. Denn der Grund der Freude liegt, so meint Plutarch, in der Anwesenheit Gottes. Nicht Wein und Fleisch geben den Festen ihren Glanz, „sondern die frohe Hoffnung und der Glaube, daß der Gott gütig anwesend ist und das Gebotene gnädig annimmt." Und wo die Seele „am ehesten die Anwesenheit Gottes vermutet und annimmt, da legt sie Schmerz, Furcht und Sorgen am meisten ab und ergibt sich der Lust bis zur Trunkenheit, Scherz und Gelächter."

Für diese Schilderung der Freude aus dem Kult finden sich bei Plutarch nur zwei kurze Parallelen in de sup. und der Vita des Numa. Nachdem der ἄθεος und der δεισιδαίμων im Unglück verglichen wurden, beginnt de sup. 9, 169 d der Vergleich im Glück, und als Beispiel für glückliche Zeiten werden kultische Begehungen genannt: „Am erfreulichsten sind für die Menschen Feste, Opfermahlzeiten, Einweihungen, Orgien, Gebete an die Götter und ihre Verehrung." Und in der Vita des Numa wird im 8. Kapitel berichtet, daß Numa mit Hilfe der Götter das Volk von Rom besänftigte, indem er vor allem Opfer, Festzüge und Chöre einsetzte, „die zugleich mit ihrer Erhabenheit fröhliche Unterhaltung und heitere Freude enthalten."

Ausmaß und Grund dieser Freude werden nur in non posse beschrieben. Nur

---

38. *Nilsson* (II S. 405 f.) übersieht offenbar 21, 1101 d, p. 159, 10 αὐτῇ und findet dann hier eine Geringschätzung der Volksreligion, von der Plutarch doch gerade hervorhebt, daß Hoffnung und Freude in ihr überwiegen.

hier betont Plutarch den sozialen Aspekt, daß die Armen und die Sklaven im Götterkult höchste Freude erleben können, und gibt damit auch in dieser Frage einen Beweis seiner bekannten Philanthropie[39]. Doch beschreibt er nicht nur die Freuden der anderen: indem er aus der 3. Person, mit der er sonst den Zustand der drei Gruppen schildert, in die erste Person Plural fällt, schließt er sich selbst mit in diese Freude ein[40]. Wenn er sonst vom Kult spricht, geht es um die philosophische Erklärung dessen, was da gesagt und getan wird[41]. Dann ist der Kult also ein σύμβολον einer bestimmten Lehre, die als solche auch ohne den Kult bekannt ist. Oder er betont, daß die rechte Erkenntnis über die Götter wichtiger ist als die Ausübung des Kultes[42]. Über diese Äußerungen hinaus zeigt sich in non posse, daß Plutarch auch eine unmittelbare, persönliche Beziehung zum Kultgeschehen hat[43].

Die Freude durch den Kult wurzelt in der Überzeugung παρεῖναι τὸν θεόν[44]. Wenn Plutarch genauer darauf eingeht, wie die Anwesenheit Gottes zu denken

---

39. Zur Philanthropie Plutarchs s. *R. Hirzel*, Plutarch, Leipzig 1912, S. 23–32.
40. 21, 1101 e: nichts erfreut mehr „als was **wir** sehen und tun zu Ehren der Götter". Damit ist zugleich auch der Leser eingeschlossen. Bei der Beschreibung der drei Gruppen verwendet Plutarch noch einmal die erste Person Plural in einer Aufforderung an den Leser 28, 1106 a (s. u. S. 75 Anm. 47).
41. De Is. et Os. 3, 352 c; 68, 378 a. b; 8, 353 e: von den heiligen Gebräuchen der Ägypter haben die einen ethische oder nutzbringende Gründe, die anderen zeigen historischen oder naturwissenschaftlichen Scharfsinn. Vgl. *H. J. Rose*, The Roman Questions of Plutarch, Oxford 1924, S. 52–65.
42. De Is. et Os. 2, 351 e; 11, 355 c. d.
43. *Decharme* S. 424. *H. Korn*, Plutarchs Verhältnis zur griechischen Volks- und Kultreligion, Diss. Frankfurt/M 1952, urteilt also richtig, daß die Religion für Plutarch „Herzenssache" ist; nicht belegen kann er dagegen die Behauptung, daß Plutarchs religiöse Haltung primär von der Kultreligion bestimmt ist, und die Philosophie nur als veredelnde und belebende Kraft dazutritt (S. 202 f.). Vielmehr beurteilt und interpretiert Plutarch die Volksreligion nach seinen philosophischen Prämissen, s. de Is. et Os. 68, 378 a: διὸ δεῖ μάλιστα πρὸς ταῦτα (sc. σύμβολα καθιερωμένα) λόγον ἐκ φιλοσοφίας μυσταγωγὸν ἀναλαβόντας ὁσίως διανοεῖσθαι τῶν λεγομένων καὶ ὁρωμένων ἕκαστον... Vgl. auch u. S. 60 f. Daß Plutarch trotz seiner konservativen Haltung gegenüber der überlieferten Religion diese doch immer im Lichte der Philosophie sieht, betont *A. Ferro*, Le idee religiose di Plutarco, Archivio della cultura italiana 2, 1940, S. 180. Plutarchs unmittelbare Beziehung zum Kultgeschehen übersieht *D. W. Gundry*, The Religion of a Greek Gentleman in the First Century a.d., The Hibbert Journal 43, 1945/6, S. 345–352.
44. 21, 1101 e, p. 159, 20. *Babut* scheint anzunehmen, daß der Kult bei Plutarch nur einen ethischen, keinen religiösen Wert hat (Stoicisme S. 500 f.). Er zeigt zuerst, daß für Plutarch wie für viele seiner Zeitgenossen das Entscheidende am Kult die innere Haltung, nicht die äußerlich-rituelle Reinheit ist. Dann verweist er auf frg. 91 Sandb., wo Plutarch von einer rituellen Vorschrift sagt, daß ihre Außerachtlassung schlecht, ihre Beobachtung aber noch nicht lobenswert ist, und findet hier ausgedrückt, daß die Beobachtung solcher Vorschriften für Plutarch keinen religiösen Wert hat. Die einschränkende Wertung Plutarchs in frg. 91 bezieht sich aber nur auf eine ganz bestimmte kultische Vorschrift. Daß er dem Kult durchaus religiöse Bedeutung beimißt, zeigt die oben behandelte Stelle von non posse.

ist, führt er die Dämonen als Mittler zwischen Göttern und Menschen an[45]. Es ist für ihn undenkbar, daß die Götter direkten Kontakt mit den unvollkommenen Menschen aufnehmen[46]. In der Auseinandersetzung mit den Epikureern geht es aber nicht um die Art der Vermittlung zwischen Göttern und Menschen, sondern um die grundsätzliche Frage, ob die Götter überhaupt in der Welt wirken. Daher fehlt in non posse die Dämonologie[47]. Trotzdem widerspricht Plutarch auch in non posse nicht seiner eigenen Überzeugung, sondern sagt nur von der ψυχή der Menge, daß sie die Anwesenheit der Götter annimmt.

Im griechischen Kult wird allgemein mit der Gegenwart der Götter gerechnet, das zeigen vor allem die Götterhymnen und die Epidemia-Feste[48]. Ebenso allgemein ist die Auffassung, daß der Götterkult und besonders die Feste Freude bereiten. Demokrit nennt ein Leben ohne Feste einen langen Weg ohne Wirtshäuser, und Thukydides, Platon und Aristoteles rühmen die Feste als Erholung vom Arbeitsleben (ἀναπαῦλαι bzw. ἀναπαύσεις τῶν πόνων)[49]. Charakteristisch für die Schilderung der Festfreude in non posse ist es, daß Plutarch sie in der Überzeugung von der Anwesenheit der Götter begründet sein läßt[50]. Plutarch wußte durchaus, daß die Freude der Menge in der Realität

---

45. De def. or. 13, 417 a: Man soll nicht annehmen, daß die Götter sich nicht um kultische Feste kümmern, μήτ' αὖ πάλιν τὸν θεὸν ἐν τούτοις ἀναστρέφεσθαι καὶ παρεῖναι καὶ συμπραγματεύεσθαι δοξάζωμεν, ἀλλ' ... δαίμονας νομίζωμεν ἐπισκόπους ἱερῶν καὶ μυστηρίων ὀργαστάς. Vgl. Pl. Symp. 202 e f.
46. A. a. O. 13, 416 e. f: Diejenigen, die die Existenz von Dämonen leugnen, heben entweder jeden Kontakt zwischen Göttern und Menschen auf, ἢ πάντα φύρειν ἅμα καὶ ταράττειν ἀναγκάζουσιν ἡμᾶς τοῖς ἀνθρωπίνοις πάθεσι τὸν θεὸν ἐμβιβάζοντας καὶ κατασπῶντας ἐπὶ τὰς χρείας ὥσπερ αἱ Θετταλαὶ λέγονται τὴν σελήνην. Vgl. de Is. et Os. 78, 382 f.
47. So fehlt die Dämonologie auch in de Pyth. or., da sie zum Problem der pythischen Orakel nichts beiträgt, und spielt in de Is. et Os. nur eine geringe Rolle, da sie für das Problem der Mytheninterpretation nur eine von mehreren Lösungen bietet. Vgl. *Babut*, Stoicisme, S. 436.
48. In den Hymnen wird die Gottheit oft herbeigerufen, s. z. B. PMelGr frg. 871: ἐλθεῖν ἥρω Διόνυσε. 935: δεῦρ' ἔλθετ ἀπ' ὠρανῶ. Call. Lav. Pal. 33: ἔξιθ' Ἀθαναία. Zu Beginn seines Apollo-Hymnos schildert Kallimachos die Ankunft des Gottes beim Tempel (Vs 1-15). Oft wird der im Kult als anwesend geglaubte Gott für seine Verehrer in einer Epiphanie sichtbar (Call. Ap. 9: ὡπόλλων οὐ παντὶ φαείνεται, ἀλλ' ὅτις ἐσθλός), oft ist auch die Einrichtung eines Kultes die Folge einer Epiphanie (s. *Pfister*, RE Suppl. IV s.v. Epiphanie, Sp. 297 f. und dort angegebenen Zeugnisse). Durch manche Feste wurde die Ankunft eines Gottes bei seinen Verehrern, die ἐπιδημία, regelmäßig gefeiert; das Fest fand entweder am Geburtstag des Gottes als dem Tag seines ersten Erscheinens oder am Tag seiner Rückkehr aus der Fremde statt, oder beide Ereignisse wurden zusammen gefeiert wie beim Theophania-Fest in Delphi (vgl. *Pfister* a. a. O. Sp. 302 f.).
49. Democr. frg. 230 *Diels*; Thuc. II, 38; Plato Leg. 653 c. d; Arist. EN 1160 a 19-25; vgl. auch Seneca Dial. IX, 7.
50. Daß in hellenistischer Zeit allgemein der Wert eines Opfers in einer echten Gemeinschaft mit den Göttern gesehen wurde, nimmt *C. Schneider* an (Kulturgeschichte des Hellenismus, 2. Bd München 1969, S. 943 f.). Er beruft sich dabei zu Unrecht auf

oft viel äußerlicher ist. Das geht aus de tranqu. an. 20, 477 d hervor, wo er die Freude und Erholung der Menge bei den Festen so beschreibt: „Sie lachen ein gekauftes Lachen, für das sie Schauspielern und Tänzern Lohn bezahlen"[51]. Wenn er in non posse die Überzeugung von der Gottesnähe, die für ihn selbst die Festfreude ausmacht, auch für die große Menge als Grund für die Festfreude angibt, ist das bedingt durch die Polemik gegen die Epikureer: diesen Grund müssen die Epikureer leugnen, und so kann die anerkannte Tatsache der Festfreude gegen sie ausgespielt werden.

Für Plutarchs persönliche Beziehung zur Volksreligion, wie sie sich in diesem Abschnitt gezeigt hat, findet sich eine entfernte Parallele bei Dio von Prusa. Die Nähe Gottes ist nach Dio das, was die Menschen in der Verehrung von Götterbildern suchen[52]. Sie brauchen eine symbolische Darstellung der Gottheit, denn „durch den Drang zum Göttlichen haben alle Menschen das starke Verlangen, den Gott aus der Nähe zu verehren und ihm einen Dienst zu erweisen, indem sie an ihn herantreten und ihn mit voller Überzeugung berühren, ihm opfern und ihn bekränzen." Der warme Ton, in dem hier die überlieferte Kultausübung verteidigt wird[53], erinnert an Plutarch[54]. Offenbar war eine solche Frömmigkeit, die neben der philosophischen Auslegung der Religion am Kult gefühlsmäßig engagiert war, nicht für Plutarch allein eigentümlich, sondern eine Strömung seiner Zeit.

Der großen Freude, die der Kult für die meisten Gläubigen bedeutet, wird 1102 a der Zustand des Epikureers gegenübergestellt: da er nicht an die Anwesenheit des Gottes glaubt, fällt für ihn der Grund zur Freude weg, ja die Ausübung des Kultes ist für ihn sogar unangenehm, weil er aus Angst vor der öffentlichen Meinung Beteiligung heucheln muß. Was die Epikureer den δεισιδαίμονες vorhalten, daß sie nur aus Angst am Kult teilnähmen[55], trifft

---

Vs 560 f. in Menanders Dyskolos. κεκοινωνηκότες ἱερῶν bezeichnet dort nicht die Gemeinschaft mit den Göttern, sondern die gemeinsame Teilnahme von Menschen am Opfermahl. Ebenso wenig kann *Nilsson* belegen, daß bei den zahlreichen Festen in hellenistischer Zeit „keine Spur der frommen Stimmung des Plutarch zu merken" ist, wie sie sich in non posse 21, 1102 a findet (*Nilsson* II S. 195).
51. Vgl. Dio VIII, 9 die Schilderung des jahrmarktähnlichen Treibens bei einem Götterfest.
52. Or. 12, 60 f.
53. Vgl. *H. v. Arnim*, Leben und Werke des Dio von Prusa, Berlin 1898 S. 477–480.
54. Auch Plutarch hält die symbolische Darstellung des Göttlichen durch Götterbilder fraglos für berechtigt, s. z. B. de Is. et Os. 75, 381 d. e, dazu *Ch. Clerc*, Plutarque et le culte des images, Rev. de l'hist. des rel. 70, 1914, S. 108–124. *Moellering* findet de sup. 6, 167 d eine generelle Ablehnung der Bilderverehrung (S. 171), weil er den Schlüsselbegriff ἀνθρωπόμορφα übersieht: Plutarch richtet sich hier gegen eine Bilderverehrung, die die Vorstellung von der Menschengestalt der Götter impliziert (ob man nun τὰ εἴδη ποιοῦσι oder mit den meisten Handschriften τὰ σώματα εἶναι liest).
55. Dasselbe wird de sup. 9, 169 d. e vom δεισιδαίμων gesagt, während der ἄθεος in de sup. über den Kult nur lacht. Hier wird bei der Beschreibung des ἄθεος also nicht an die Epikureer gedacht, s. o. S. 3 Anm. 10.

also auch auf diese selbst zu, ohne daß sie die frohe Zuversicht der anderen kennen. Vielmehr müssen sie immer darauf bedacht sein, ihre wahre Meinung zu verbergen, auch in ihren Büchern über Götter und Frömmigkeit.

Daß Epikur im Grunde nicht an die Existenz von Göttern glaubt, und seine Aussagen über die Götter und ihre Verehrung erheuchelt seien, um ihn vor dem Unwillen des Volkes zu bewahren, ist ein alter Vorwurf der stoischen Epikureer-Polemik[56]. Wie aus adv. Col. hervorgeht, weiß Plutarch, daß Epikur auch von seiner Lehre her dem Kult einen Sinn zuschreibt, nämlich die Betrachtung des vorbildlichen Daseins der Götter[57]. Doch Plutarch ist überzeugt, daß der Kult sich sinnvollerweise nur auf Götter beziehen kann, die in der Welt wirken und beim Kult anwesend sind. Epikurs Vorstellung von den Göttern bedeutet für ihn also die Aufhebung des Kultes[58]. Daher kann er den Vorwurf der Heuchelei aus der Tradition aufnehmen.

4. Die guten Menschen (22, 1102 d-1103 b)

Der dritten Gruppe in Plutarchs Aufzählung erwächst aus dem Glauben nur Freude, weil sie die richtigen Vorstellungen über Gott hat: daß er der Führer zu allem Guten und der Vater von allem Schönen ist und Schlechtes weder tun noch erleiden kann. Diese Anschauung belegt Plutarch mit einem Zitat aus dem platonischen Timaios: „Denn er ist gut, im Guten aber gibt es über nichts Neid"[59] – so begründet Plato die Schöpfertätigkeit Gottes, und Plutarch fügt für seinen Zweck hinzu: „noch Furcht, noch Zorn oder Haß". Denn, wie Plato im Staat sagt: „es ist nicht die Art des Warmen zu kühlen, sondern zu wärmen, wie auch nicht die Art des Guten zu schaden"[60]. Epikur spricht den Göttern Zorn *und* Gunst ab, denn beides zeuge von Schwäche[61]. Dem hält Plutarch ent-

---

56. Cicero de nat. deor. I, 85. 123. Cicero gibt § 123 selbst als seine Quelle Poseidonios an, der vielleicht schon auf ältere stoische Tradition zurückgreift. Dagegen weist die akademische Epikureer-Kritik diesen Vorwurf zurück, s. § 85; Sext. Emp. adv. math. 9, 58. 64. Dazu *R. Philippson*, Des Akademikers Kritik der epikureischen Theologie im ersten Buch der Tusculanen [sic! Gemeint ist de nat. deor.] Ciceros, Symb. Osl. 20, 1940, S. 42. Vgl. de Stoic. rep. 6, 1034 c über die Stoiker: τοὺς Ἐπικουρείους ἐλέγχεσθαι δοκοῦσι θύοντας θεοῖς.
57. Adv. Col. 8, 1111 b: καὶ γὰρ τὴν πρόνοιαν ἀναιρῶν εὐσέβειαν ἀπολείπειν λέγει. Ähnlich 11, 1112 c; dazu *Westman* S. 200 f.; *W. Schmid*, Rh. Mus. 94, 1951, S. 97–156; RAC V, Sp. 730–735.
58. Adv. Col. 22, 1119 e: Wer den Göttern ihre Beinamen nimmt, hebt zugleich den Kult auf. Die Beinamen beziehen sich auf das göttliche Wirken in der Welt.
59. Tim. 29 e.
60. 335 d.
61. Sent. 1.

gegen, daß Zorn, Groll und übelwollende Gesinnung in den Bereich der Schwäche und Schlechtigkeit gehören, Gunst, Wohlwollen und freundliche Gesinnung aber in den Bereich der Macht und Tugend. Daher lehnt Plutarch Epikurs Meinung, daß die Gottheit weder Zorn noch Gunst kenne, ab und stellt stattdessen fest: weil Gott von Natur aus Gunst gewährt und hilft, zürnt und schadet er von Natur aus nicht[62]. Vielmehr führt Zeus nach den Worten aus dem Phaidros den himmlischen Zug der Götter an, ordnet und besorgt alles[63]. Von den anderen Göttern ist der eine ein „Geber", der andere ein „Gnädiger", der dritte ein „Unheilabwender", Apoll aber ist nach einem Wort von Pindar „ausersehen, den Menschen der Freundlichste zu sein"[64].

Wie schon aus den Zitaten deutlich wird, folgt Plutarch ganz Platon, wenn er hier und an anderen Stellen von der Gottheit sagt, daß sie gut ist und Ursache für alles Gute, mit dem Schlechten dagegen keine Berührung hat, und daß sie für alles in der Welt und vor allem für die Menschen aufs beste sorgt[65]. Vom gütigen Wirken der Gottheit (Pronoia) sind auch die Stoiker überzeugt[66]. Sie stimmen mit Plutarch und der akademischen Tradition gegen Epikur darin überein, daß Zorn und Gunst nicht verbunden sein müssen, sondern daß Gott die Menschen mit Gunst bedenkt, ohne Zorn zu kennen[67]. Denn ein zorniger Gott ist für die ganze griechische Philosophie undenkbar[68].

Die göttliche Fürsorge findet Plutarch auch in den angeführten Epitheta der Götter ausgedrückt. Hier denkt er also an die verschiedenen Götter des Volksglaubens[69], während er vorher von der Gottheit so spricht, als ob es nur einen wahren Gott gibt. Dieser Gott ist nach anderen Schriften der Erschaffer der

---

62. 22, 1102 e, p. 161, 22 f. ergänzt man am einfachsten mit *Einarson/de Lacy* οὐ vor συνέχεται. Der Sinn bleibt derselbe, wenn man *Pohlenz* folgt und ὅτι vor καὶ χάρισι ergänzt. Ohne Ergänzung widerspricht der erste Teil des Satzes dem zweiten Teil.
63. Phaedr. 246 e; wie bei den Stellen aus dem Staat und dem Timaios zitiert Plutarch mit leichten Veränderungen aus dem Gedächtnis, s. *R. M. Jones* S. 107 f.
64. Frg. 149.
65. De Is. et Os. 53, 372 a; 54, 373 a; de def. or. 24, 423 d. Vgl. Plato Resp. 379a–c; Phaedr. 247 a; Theaet. 176 a; Phaed. 62 b; Soph. 265 e; Leg. 902 b.
66. SVF II, 1184: τῆς γὰρ θείας σοφίας καὶ ἀρετῆς καὶ δυνάμεως ἔργον ἐστὶν οὐ μόνον τὸ ἀγαθοποιεῖν. φύσις γὰρ ὡς εἰπεῖν αὕτη τοῦ θεοῦ, ὡς τοῦ πυρὸς τὸ θερμαίνειν ... Vgl. *Babut*, Stoicisme S. 474–476. Im einzelnen gehen die Ansichten von Plutarch und den Stoikern über die Pronoia allerdings weit auseinander, s. u. S. 61 Anm. 72.
67. Laktanz, de ira dei 5: ... Stoici ... qui aiunt, gratiam in deo esse, iram non esse.
68. Cic. de off. III, 102: At hoc quidem commune est omnium philosophorum ... numquam nec irasci deum nec nocere. Vgl. *M. Pohlenz*, Vom Zorne Gottes, Göttingen 1909 S. 3–7.
69. Diese Epitheta werden verschiedenen Göttern zugeschrieben. Ἐπιδώτης für Hypnos, Oneiros, Zeus, s. RE V, 1 Sp. 60 f. (*Jessen*). Μειλίχιος für Zeus, Dionysos, Aphrodite und andere, s. RE XV, 1 Sp. 340–345 (*Pfister*). Ἀλεξίκακος für Apoll, Herakles und andere, s. RE I, 2 Sp. 1464 f. (*Wentzel*).

Welt[70], allein wahrhaft seiend und daher ewig und ohne Veränderung[71]. Obgleich Plutarch von dem einen λόγος und der einen πρόνοια – wie er in de Is. et Os. den höchsten Gott mit stoischen Ausdrücken bezeichnet – die anderen Götter als dienende Kräfte unterscheidet[72], scheint er ihr Wesen doch ebenso zu bestimmen wie das des höchsten Gottes. Wie er alle Götter an der Güte des höchsten Gottes teilhaben läßt[73], so betont er gegen die Stoiker, daß nicht nur Zeus, sondern alle Götter unsterblich, selig und autark sind[74]. Daher kann er auch den höchsten Gott einmal Apoll und einmal Zeus nennen[75], und ausländische mit griechischen Göttern, sowie griechische Götter untereinander identifizieren[76]. Offenbar ist für Plutarch jeder Gott des überlieferten Glaubens ein Repräsentant des philosohpisch bestimmten göttlichen Wesens, ohne daß er sich fragt, wie sich diese Wesensbestimmung mit einer Vielheit von göttlichen Personen vereinen läßt[77]. Er kann sich das göttliche Wesen nur so vollkommen

70. Quaest. conv. VIII, 1, 718 a; quaest. Plat. II, 1, 1000 e.
71. De E ap. Delph. 17, 392 a bis Ende.
72. De Is. et Os. 67, 377 f: ἑνὸς λόγου τοῦ ταῦτα κοσμοῦντος καὶ μιᾶς προνοίας ἐπιτροπευούσης καὶ δυνάμεων ὑπουργῶν ἐπὶ πάντα τεταγμένων. Wenn hier die höchste Gottheit πρόνοια und λόγος genannt wird, ist das wie oft bei Plutarch nur eine verbale Übereinstimmung mit den Stoikern (zahlreiche Beispiele bei *Babut*, Stoicisme, durch das ganze Buch hindurch). In der Sache lehnt er die stoische Lehre von Logos und Pronoia ab, s. de Is. et Os. 45, 369 a; de def. or. 10, 414 f; dazu *Babut* a. a. O. S. 284. 474–483.
73. Vgl. auch de adul. et am. 22, 63 e; Amat. 15, 757 e–758 c; Per. 39: τὸ τῶν θεῶν γένος ἀξιοῦμεν αἴτιον μὲν ἀγαθῶν, ἀναίτιον δὲ κακῶν πεφυκὸς ἄρχειν καὶ βασιλεύειν τῶν ὄντων.
74. De Stoic. rep. 38, 1051 e–1052 b; 40, 1052 e; de comm. not. 31, 1074 f–1075 d. Vgl. *Melisanda Codignola* über die „diversi dei": „E se queste divinità sono in certo senso considerate forze inferiori, esse rimangono, tutta via, essenzialmente simili al dio creatore, o almeno delle sua stessa specie." (La formazione spirituale di Plutarco e la sua personalità filosofico-religiosa, Civiltà moderna VI, 1934 S. 481). Dagegen stellt *Babut* bei Plutarch einen Wesensunterschied zwischen dem einen Hauptgott und den vielen überlieferten Göttergestalten fest (Stoicisme, S. 451. 459). Zu diesem Urteil kommt *Babut*, da er die untergeordneten Götter mit den von den übrigen Göttern zu trennenden ὁρατοὶ καὶ γεννητοὶ θεοί in einer Gruppe zusammenfaßt (a. a. O. S. 445 f. 450). Über die dieser Zusammenstellung widersprechende Kritik Plutarchs an den vergänglichen Göttern der Stoa urteilt *Babut*, sie sei unklar oder unaufrichtig (a. a. O. S. 461 f.). Als sichtbare und gewordene Götter bezeichnet Plutarch aber im Anschluß an Plato **nur** die Gestirne (Quaest. Rom. 77, 282 b. c; de Is. et Os. 21, 359 c; Amat. 19, 764 d). Sie sind wesensverschieden von den anderen, unsichtbaren und unvergänglichen Göttern (vgl. de Is. et Os. 64, 376 f. 377 a: man soll Isis und Osiris nicht mit Sonne, Erde und Himmel gleichsetzen). Auch die Götter, von denen Plutarch sagt, daß sie erst durch eine Umwandlung aus γεννητοὶ δαίμονες zu unsterblichen Göttern geworden sind (de Is. et Os. 27, 361 e; Vita Pelop. 16, 8), sind doch als Götter unsterblich und also von den Gestirnen zu unterscheiden.
75. De E ap. Delph. 17, 392 a bis Ende; de Is. et Os. 1, 351 d. Vgl. *M. L. Danieli*, Plutarco a Delfi, Note sulla religiosità plutarchea, Nuovo Didaskaleion 15, 1965, S. 7.
76. De Is. et Os. 35, 364 d ff.; quaest. conv. IV, 5, 671 b. c; *Beaujeu* S. 212 f.
77. *Ziegler* Sp. 302; *Beaujeu* S. 212; *Moellering* S. 93; *del Re* S. 34. Diese Haltung ist verständlich bei einem Philosophen, der in theologischen Fragen εὐλάβεια übt (de sera

vorstellen, wie er es am Ende von de E ap. Delph. beschreibt, aber er ist andererseits dem überlieferten Glauben so fest verbunden, daß er an den einzelnen Göttergestalten festhält[78].

Dadurch, daß Plutarch die verschiedenen traditionellen Göttergestalten dem höchsten Gott annähert und diesen selbst Zeus oder Apoll nennt, ist seine Gottesvorstellung sehr viel persönlicher als die Platons[79]. Mit der Einschränkung, die für alle derartigen Aussagen über Platon gilt, läßt sich doch sagen, daß bei Platon die Götter der Volksreligion als persönliche Gestalten in der Hierarchie des Göttlichen weniger hoch stehen[80]. Das höchste Göttliche, die Idee des Guten, ist ein rein noetisches Prinzip, während die persönlicheren olympischen Götter im Rang den Gestirngöttern nahekommen[81].

Wie Platon verwirft Plutarch die Mythen, die Unwürdiges von den Göttern berichten[82], an anderen Stellen schreibt er sie Dämonen zu[83] oder interpretiert sie allegorisch[84]. Die allegorische Deutung der Stoiker lehnt er aber von seinem durch Platon geprägten transzendenten Gottesbegriff her ab: die Gottheit kann nicht der Materie eingemischt und mit dieser Veränderungen unterworfen sein, sondern verharrt „irgendwo oben" bei der ewig gleichen Natur[85]. Wenn die

---

num. vind. 4, 549 c) und so einen Mittelweg zwischen Dogmatismus und Skeptizismus einschlägt, s. *de Lacy*, S. 79–85, besonders S. 83 f.
78. Vgl. Amat. 13, 756 b: zu fragen, warum ein Gott als solcher verehrt wird, bedeutet ἀκίνητα κινεῖν. ἀρκεῖ γὰρ ἡ πάτριος καὶ παλαιὰ πίστις, ἧς οὐκ ἔστιν εἰπεῖν οὐδ' ἀνευρεῖν τεκμήριον ἐναργέστερον. Man kann also Plutarch nicht eindeutig als Monotheisten bezeichnen wie *L. Valentin*, der nachweisen will, daß Plutarch eine anima naturaliter christiana sei oder unter dem Einfluß des Christentums stehe (L'idée du Dieu dans Plutarque, Revue thomiste 22, 1914, S. 313–327; 567–589).
79. Vgl. u. S. 63 f. und Anm. 94.
80. Vgl. *W. J. Verdenius*, Platons Gottesbegriff, Entretiens sur l'Antiquité classique I, Vandoeuvres-Genf 1954, S. 241–291, besonders S. 253: Daß Platon an die traditionellen Götter glaubt, beweist ihre wichtige Stellung in seinem Erziehungssystem (Leg. Buch 10), auch wenn er oft mit Ironie über sie spricht (Phaedr. 246 c; Leg. 886 c. d). „Die Götter waren für ihn niedere Erscheinungsformen des Göttlichen; es galt nur, ihre relative Göttlichkeit zu erkennen und auf den richtigen Platz zu stellen. Diese Ortsbestimmung ist die Funktion der Ironie."
81. Daß die Idee des Guten die höchste Gottheit ist, sagt Platon nie ausdrücklich, läßt sich aber eindeutig erschließen: der Gott, der das Maß aller Dinge ist (Leg. 716 c), kann nicht der Demiurg des Timaios sein, der die Welt im Blick auf das ideelle Muster schafft (Tim. 28 a); die Ideen stehen also höher als der Demiurg und ihr höchstes Prinzip ist die Idee des Guten, s. *Verdenius* a. a. O. S. 242 f. Gestirne und olympische Götter werden vom Demiurgen geschaffen (Tim. 38 c–41 d), vgl. *Verdenius* S. 255.
82. De Is. et Os. 20, 358 e; de sup. 10, 170 a–c.
83. De Is. et Os. 25, 360 ff.; de def. or. 15, 417 e ff.
84. De Is. et Os. 49, 371 ff.
85. Ad princ. inerud. 5, 781 e. f; vgl. de Is. et Os. 62, 376 c; 78, 382 f; *Zeller* III, 2 S. 185; *R. del Re* S. 37 f.; *Babut*, Stoicisme S. 453–456. 462 f. Dagegen ohne Belege *Nilsson* II S. 404 über Plutarchs Gottesvorstellung: „Dieser Gott ist dem stoischen zum Verwechseln ähnlich; der Unterschied, ob er transzendent oder immanent sei, ist verwischt."

Stoiker die Götter mit Elementen oder Naturerzeugnissen gleichsetzen, verwechseln sie nach Plutarchs Ansicht die göttlichen Personen mit ihrem Wirkungsbereich und ihren Gaben[86]. Ebenso verwirft Plutarch die Deutung der Götter als menschliche Fähigkeiten, Tugenden oder Affekte, eine Deutung, die durch die Stoiker gefördert wird[87]. So gleicht sein Verhältnis zum Volksglauben zwar insofern den Stoikern, als er wie sie den überlieferten Glauben in philosophisch gereinigter Form beibehält, unterscheidet sich aber von ihnen in der Wesensbestimmung der Gottheit.

Weil die Götter gut sind, sind die guten Menschen ihre Freunde. Dies muß der verbindende Gedanke sein, wenn Plutarch nach den Ausführungen über die Güte der Götter 1102 e fin. fortfährt: „Alles gehört den Göttern nach Diogenes, den Freunden ist ihr Besitz gemeinsam, die Guten sind den Göttern Freunde, und es ist unmöglich, daß es dem Gottgeliebten nicht gut geht oder daß der Besonnene und Gerechte nicht gottgeliebt ist."[88] So schreibt Plutarch auch in der Vita des Numa, daß die Gottheit φιλάνθρωπος ist und den Wunsch hat, mit besonders guten, frommen und besonnenen Menschen zusammenzusein[89]. Diese Vorstellung, daß der Gute Gottes Freund ist, geht zurück auf Plato[90]. Nach der ὅμοιον-Lehre im Lysis ist das Ähnliche dem Ähnlichen freund (τὸ ὅμοιον τῷ ὁμοίῳ φίλον), und weil die Schlechten sich selbst und untereinander nie ähnlich, sondern unbeständig und schwankend sind, ist nur der Gute dem Guten freund (ὁ ἀγαθὸς τῷ ἀγαθῷ μόνος μόνῳ φίλος)[91]. So ist der Gute θεοφιλής[92]. Da aber Plutarchs Gottesvorstellung persönlicher als die Platons ist, faßt er auch die Gottesfreundschaft persönlicher auf[93]. Plutarch glaubt ungebrochen an den Kontakt einzelner Götter mit

---

86. De def. or. 29, 426 b; de Is. et Os. 66, 377 d. e.
87. Amat. 757 b. c, vgl. *Babut*, Stoicisme S. 457.
88. Diogenes von Sinope (Diog. Laert. VI, 72) nennt die Weisen die Freunde der Götter und schließt nach den drei Vordersätzen genau: „Also gehört alles den Weisen." Plutarch wandelt das hier für seinen Zusammenhang ab.
89. Numa 4, 4. In diesem Sinne interpretiert Plutarch auch die überlieferten Mythen von erotischen Beziehungen zwischen Göttern und Menschen (4, 7. 8), denn er lehnt es ab, daß ein Gott körperliche Gemeinschaft mit einem Menschen haben kann (4, 5; vgl. auch de fort. Rom. 9, 321 b). Das wird nicht deutlich bei *F. Dirlmeier*, ΘΕΟΦΙΛΙΑ – ΦΙΛΟΘΕΙΑ, Phil. 90, 1935, S. 57. Die These von *A. M. Pizzigalli*, Plutarch spiele u.a. auch Numa 4 auf die Christen an, ist völlig unbewiesen (Plutarcò e Cristianesimo, Atene e Roma 40, 1943 S. 97-102).
90. Vgl. *Dirlmeier* a. a. O. S. 61 ff.
91. 214 b–d.
92. Symp. 212 a; Resp. 352 b. 612 c; Leg. 716 d.
93. S. o.S. 62. Diese persönliche Gottesvorstellung zeigt sich auch in Plutarchs Auffassung vom Gebet: der Mensch darf und soll die Götter um ganz spezielle Hilfe in seiner jeweiligen Situation bitten (Vita Paul. 19, 6; de sup. 8, 169 b. c), während bei Plato nur um das Finden der Wahrheit gebetet wird (vgl. *Verdenius* a. a. O. S. 270).

bestimmten Menschen. Auch Platon kennt persönliche Gottesbeziehungen, er stellt sie aber weniger konkret und auf eine eigentümlich schwebende Weise dar; gegenüber der reinen Erkenntnis der Ideen haben solche Gottesbeziehungen einen mehr vorläufigen Charakter[94].

Durch den Gedanken der Gottesfreundschaft gewinnt Plutarch die Möglichkeit, auch bei der Gruppe der Guten den Zustand des Epikureers dem des Gläubigen wirkungsvoll gegenüberzustellen. Ironisch fragt er, ob für Epikur Metrodor und Polyainos (seine Schüler und Freunde) oder Aristobul (sein Bruder)[95], die er in Krankheit pflegte und nach ihrem Tod betrauerte[96], eine Quelle von „Zuversicht" und „Freude"[97] waren, während Lykurg, der von der Pythia Freund der Götter genannt wurde, Sokrates, mit dem das Daimonion sprach, und andere, die Epiphanien von Göttern erlebten, nur mäßig froh gewesen sein sollen[98]. Der Abschnitt schließt mit einem wörtlich zitierten Ausspruch des Sokrates-Schülers Hermogenes, in dem dieser die ständige Sorge der Götter um ihre Freunde beschreibt[99]. Die göttliche Fürsorge zeigt sich danach vor allem auch in der Weissagung, die von den Epikureern natürlich abgelehnt wird[100].

5. Überleitung (23, 1103 b-e)[101]

Nicht nur daß das, was von den Göttern kommt, gut ist, bereitet den Guten[102] Freude, sondern vor allem auch die Tatsache, daß es von den *Göttern* kommt.

94. Apol. 21 c; Phaed. 60 d ff.; dazu *Verdenius* a. a. O. S. 256–271.
95. Vgl. im index nominum bei *Usener*.
96. Daß alle drei vor Epikur gestorben sind, geht aus seinem Testament hervor (Diog. Laert. X, 18). Ob Plutarch daraus auf ihre Krankheit schließt oder eine andere Quelle hat, ist ungewiß.
97. ἐκθάρσημα und γῆθος zitiert Plutarch offenbar aus einem Werk Epikurs, s. *Usener* p. 92, 33.
98. Pindar, Sophokles und Lykurg werden unter anderen Namen auch in der Vita des Numa Kap. 4 aufgeführt.
99. Dasselbe mit unwesentlichen Abweichungen Xenophon Conv. 4, 48. Es ist möglich, daß Plutarch diese Stelle direkt aus Xenophon übernommen hat, da er Xenophon schätzt und oft benutzt, s. *K. Münscher*, Xenophon in der griechisch-römischen Literatur, Phil. Suppl. 13, Heft 2, 1920, S. 127–131.
100. Vgl. adv. Col. 27, 1123 a; de Pyth. or. 10, 388 e–399 a.
101. Dieses und die folgenden Kapitel behandelt *R. del Re* in einer Paraphrase mit dem Ziel, Plutarchs Argumente gegen die sprechen zu lassen, die heute die Unsterblichkeit der Seele leugnen (De Plutarco Chaeronensi immortalitatis animorum assertore, Latinitas 13, 1965 S. 184–192).
102. τοῖς ἀγαθοῖς (23, 1103 c, p. 163, 12) kann auch als Neutrum verstanden und zu ἐπιγελῶσαν gezogen werden: der Glanz, der auf den ἀγαθά liegt. Daß gleichwohl in Kapitel 23 von den Guten die Rede ist, geht aus der weiteren Argumentation in diesem Kapitel hervor: nur sie erwarten ja ein besseres Leben nach dem Tod (1103 d, vgl. u. S. 76).

Die Epikureer, die das leugnen, nehmen nach Plutarchs Meinung vom Glück das Schönste und lassen im Unglück keinen Ausweg offen. Ihre Zuflucht ist die Erwartung von Auflösung und Empfindungslosigkeit im Tod. Diese Aussicht erscheint Plutarch genauso tröstlich, wie wenn man in Seenot damit beruhigt wird, daß es keinen Steuermann und keine göttlichen Helfer gibt, das Schiff aber bald kentern wird. Dasselbe wird ohne Bild mit Anspielungen auf die 1. und 2. κυρία δόξα gesagt: denen, die wegen ihrer Frömmigkeit von den Göttern etwas Gutes erwarten und auf ein besseres Leben nach dem Tod hoffen, hält Epikur entgegen, daß die Götter weder Zorn noch Gunst kennen, und daß der Zustand nach dem Tod in Auflösung und Empfindungslosigkeit besteht und uns daher nichts angeht. Er fordert zu Essen und Frohsein auf, weil übermäßiger Schmerz im Tod sein Ende findet. 1103 d.e führt Plutarch den Vergleich mit dem Schiffbruch noch einmal, jetzt gesteigert, durch, so daß die Lage des Schiffbrüchigen besser als die des Epikureers erscheint: ihm hilft die Hoffnung, den Körper durch Schwimmen aufs Land zu retten, während das Ende des Unglücks für die Seele nach Epikur Untergang und Nichtsein ist[103].

In diesem Kapitel leitet Plutarch von den Freuden aus dem Götterglauben zu den Freuden aus der Jenseitshoffnung über[104]. Zunächst spricht er weiter über die Freuden des Götterglaubens, indem er aus Kapitel 20 den Gedanken wiederaufnimmt, daß der Götterglaube im Glück Zuversicht gibt und im Unglück die Zuflucht zu den Göttern ermöglicht[105]. In Kapitel 23 fügt er noch hinzu, daß die Zuversicht in dem Bewußtsein gründet, alles Gute komme von den Göttern. Über die Situation der Epikureer im Glück wird nur gesagt, daß ihnen diese Zuversicht und damit das Schönste am Glück fehlt. Weiter ist vom Befinden im Glück nicht die Rede, es wird hier nur herangezogen als verbindender Gedanke zwischen den guten Gaben der Götter, von denen in Kapitel 22 gesprochen wurde, und dem Trost im Unglück, der zum Thema des letzten Teiles von non posse überleitet. Als Trost im Unglück nennt Plutarch nämlich für die Gläubigen nicht nur den Trost, den sie aus dem Götterglauben haben (die Hoffnung auf göttliche Hilfe als Lohn für Frömmigkeit), sondern auch den Trost aus der Jenseitshoffnung (die Erwartung eines besseren Lebens nach dem Tod). Von den Epikureern wird im ganzen Kapitel nur dieser letzte Trost (für sie die Er-

---

103. Warum zu den Ausführungen 1103 e, p. 164, 6 ff., daß Epikur für die Seele nur das Nichtsein als Rettung kennt, in der Teubner-Ausgabe (nach dem Hinweis von *W. C. Helmbold*, Cl. Phil. 50, 1955, S. 220) angemerkt wird, daß Plutarch in de tranqu. an. 17, 476 a anders urteilt, ist mir nicht ersichtlich. An der genannten Stelle in de tranqu. an. geht es darum, daß der Weise sich körperlichen Übeln durch Selbstmord entziehen kann, während der Unvernünftige aus Furcht vor dem Tod an seinem Körper festhält.
104. Die Interpretation dieses Kapitels beruht auf Anregungen und Hinweisen von *H. Görgemanns*.
105. 1101 c.

wartung von Auflösung und Empfindungslosigkeit) angeführt und nichts davon, was Epikur ohne Blick auf den Tod als Trost im Unglück lehrte[106]. So nennt Plutarch auch von den beiden bei Epikur angegebenen Gründen für die kurze Dauer des schlimmsten Schmerzes, daß der Schmerz aufhört oder daß er den Tod zur Folge hat, bewußt nur den zweiten[107]. Durch die Schiffbruch-Vergleiche hebt er die Trostlosigkeit der epikureischen Auffassung vom Tod eindringlich hervor und gibt so, bevor er die Jenseitserwartung der verschiedenen Gruppen von Gläubigen und der Epikureer im einzelnen vergleicht, ein allgemeines Bild der epikureischen Lehre vom Tod, wie er sie sieht[108].

Plutarch kann in diesem Kapitel so bruchlos vom Götterglauben zur Jenseitshoffnung überleiten, weil die Gläubigen im Unglück aus beidem Trost schöpfen. Das ist kein Zufall: die Überzeugung vom Wirken Gottes in der Welt ist für Plutarch selbstverständlich mit dem Glauben an die Unsterblichkeit der Seele verbunden[109]. Es ist nicht vorstellbar, sagt er in de sera num. vind., daß sich die Götter so um die Menschen kümmerten, wenn in den Menschen nichts Göttliches und Dauerhaftes wäre; auch aus den Verordnungen des delphischen Apoll für die Seelen der Toten ergibt sich, daß die Seelen unsterblich sind[110]. Der Glaube an die Unsterblichkeit der Seele ist Plutarch also vor allem durch die Religion gegeben, eine philosophische Erörterung darüber findet sich in seinen Werken nicht[111].

---

106. Nämlich daß nur mangelnde Lust als Unglück anzusehen ist, die Lust aber leicht erreicht werden kann, s. Ep. III, 128–132; Sent. 15; 21.
107. Vgl. Sent. 4; Diogenes von Oinoanda frg. 42 *Chilton*. – *Bignone* (Aristotele II S. 188 f.) hält den Gang der Argumentation von 1103 d, p. 163, 22 bis 164, 4 ohne überzeugende Gründe für die akademische Parodie eines Stückes aus dem Brief Epikurs an die Philosophen in Mytilene.
108. Ganz ähnlich hat Plutarch in Kapitel 20 eine allgemeine Charakterisierung der epikureischen Haltung gegenüber den Göttern den Einzelausführungen vorangestellt.
109. Sehr viel oberflächlicher ist die Verknüpfung von Teil drei und vier, weil die sachliche Verbindung zwischen beiden Teilen nicht so eng ist wie zwischen Teil vier und fünf. Plutarch weist zwar am Ende von Kapitel 19 auf die Religionsausübung hin, aber unter einem von der folgenden Behandlung verschiedenen Gesichtspunkt: in Kapitel 19 geht es um den guten Ruf, den man durch die Religionsausübung bei den Mitbürgern bekommt, in Kapitel 20 bis 22 um die individuelle Freude, die jeder Gläubige empfindet, vgl. o. S. 15. Zur Verknüpfung der ersten drei Teile vgl. o. S. 13 f.
110. 17, 560 a–18, 560 f.
111. Vgl. *Zeller* III, 2 S. 199.

V Die Freuden aus der Jenseitshoffnung (Kap. 25-30)

1. Die schlechten Menschen (25, 1104 a.b)

In dem Abschnitt über die Jenseitshoffnung wird die Dreiteilung der Gläubigen vom vorangegangenen Abschnitt über den Götterglauben wieder aufgenommen. Die erste Gruppe der Ungerechten und Schlechten empfindet auch im Blick auf das Jenseits nur Furcht, und auch diese Furcht hält sie vor Untaten zurück und macht ihr Leben dadurch ruhiger und angenehmer[1]. Deshalb soll man ihre abergläubischen Vorstellungen von der Unterwelt sogar fördern, denn so haben sie den Nutzen eines weniger gefährlichen Lebens.

Dagegen kann auch Epikur nichts einwenden, meint Plutarch, denn er hält ja selbst die Menschen nur durch Furcht vor Strafe von Unrecht zurück[2]. Daß der Götterglaube aber mehr Freude verschafft als die epikureische Lehre, kann Plutarch für die Schlechten nicht behaupten, darum fehlt auch bei der Beschreibung ihrer Situation hier und im vorangegangenen Teil der Vergleich mit den Epikureern, der bei den Mittelmäßigen und den Guten jeweils vorgenommen wird[3].

Die überlieferten Vorstellungen vom Hades als jenseitigem Strafort für die Toten bezeichnet Plutarch hier als Ausfluß der δεισιδαιμονία und im 27. Kapitel als Ammenmärchen, an die nur wenige glauben[4]. Dem entspricht, was er in de aud. poet. von den dichterischen Ausmalungen des Hades sagt: nur wenigen bleibt verborgen, daß in diesen Beschreibungen viel Märchenhaftes enthalten ist, was die Dichter selbst nicht für wahr halten[5]. Ebenso wie in non posse ist in de sup. die δεισιδαιμονία die Quelle der schrecklichen Erwartungen, die mit dem Hades verbunden sind[6]. In de sup. fehlt natürlich auch an dieser Stelle die

---

1. *Moellering* (S. 63 f.) übersieht offenbar, daß 21, 1101 c. d und 25, 1104 a. b von derselben Gruppe von Menschen die Rede ist, und daß 25, 1104 c die Beschreibung der nächsten Gruppe und nicht eine Kritik am Vorhergehenden einsetzt.
2. Allerdings ist es bei Epikur die Furcht vor Entdecktwerden und Bestrafung durch Menschen (Sent. 34; 35), nicht die Furcht vor den Göttern, wie *Koets* a. a. O. (s. o. S. 51 Anm. 12) S. 56 irrtümlich aus dieser Stelle in non posse schließt.
3. 21, 1102 a–c; 22, 1102 f–23, 1103 e; 27, 1104 e–28, 1105 c; 28, 1105 e–29, 1106 c.
4. 1105 a. b.
5. De aud. poet. 2, 17 b. c.
6. 4, 166 f–167 a.

positive Funktion der δεισιδαιμονία, die in non posse genannt wird[7]. Aber sowohl in der Jugendschrift wie in non posse ist deutlich ausgedrückt, daß Plutarch selbst nicht an die Hadesstrafen der Volksreligion glaubt. Warum diese Strafen für ihn undenkbar sind, sagt er in de lat. viv.: mythische Strafen, wie sie Tityos und Sisyphos erleiden, setzen einen Körper voraus, der die Strafen aufnimmt. Die Toten haben aber keinen Körper, auch keinen Rest von Körper[8].

Gerade solche mythische Strafen hat aber Plutarch auch selber in den grausigsten Farben beschrieben. In dem großen Schlußmythos von de sera num. vind. sieht Thespesios, wie diejenigen, die sich im Leben mit dem Schein der Tugend umgaben, heimlich aber Schlechtes taten, gezwungen werden, ihr Inneres nach außen zu kehren. Andere sind wie Schlangen ineinander verschlungen und fressen sich gegenseitig auf aus Erbitterung über das, was sie im Leben erlitten oder getan haben. Wieder andere, die im Leben habgierig und unersättlich waren, werden von Dämonen abwechselnd in Seen von siedendem Gold, kaltem Blei und hartem Eisen getaucht[9]. Dies und anderes, was Thespesios sieht, bewirkt bei ihm genau das, weswegen Plutarch in non posse die schrecklichen Hadesvorstellungen für die Schlechten erhalten will: Thespesios wird, nachdem er vorher ein sehr schlechtes Leben geführt hat, durch seine Vision zu einem äußerst gerechten und frommen Menschen[10].

Doch diese Wirkung der Vision ist nicht der einzige Grund, daß Plutarch sie so ausführlich schildert[11]. Zwar lehnt er die mythischen Hadesstrafen als unmöglich ab, und dieses Urteil muß auch für die in seinem eigenen Mythos geschilderten Strafen gelten, wohl aber nimmt er an, daß nach dem Tod Strafe

---

7. Vgl. o.S. 53.
8. 7, 1130 d. Diese Stelle übersieht *Soury*, La Démonologie de Plutarque, Paris 1942, S. 223: „Il n'est pas dit d'ailleurs que l'âme désincarnée n'est plus rien de corporel..." Zu Quellen und Inhalt von de lat. viv. 7, 1130 c–e s. u. Anm. 19.
9. 30, 566 e–567 d. Am Anfang des Thespesios-Mythos werden drei Arten von Strafen unterschieden (25, 564 e–26, 565 e): 1. Die Strafe durch Poine im Leben, die nur den Körper betrifft. 2. Die Strafe an der Seele durch Dike, deren Ziel ἡ περὶ τὴν κακίαν ἰατρεία ist. 3. Die Strafe durch Erinys für die Seelen der unheilbar Schlechten, die Dike zurückweist. Ob es sich bei der Schilderung in Kapitel 30 um die zweite oder dritte Art der Strafe handelt (s. Anm. 19), ist für die oben gestellte Frage nach dem Verhältnis dieser Darstellung zu den sonstigen Äußerungen Plutarchs über den Hades nicht von Belang.
   Zu der Herkunft der Vorstellungen im Thespesios-Mythos vgl. *A. Diederich*, Nekyia, Leipzig 1893 S. 145–148; *R. M. Jones* S. 42–63; *Méautis* S. 57–70; *Beck*, Mythopoiie des Plutarch, Diss. Heidelberg 1953 (masch.), S. 57–85.
10. De sera num. vind. 22, 563 b–e.
11. Daß eine solche Wirkung eintritt, hofft Plutarch zwar, hält er aber selbst nicht für sehr wahrscheinlich, s. de sera num. vind. 18, 561 a, dazu *Oakesmith* S. 114 f.

oder Belohnung auf den Menschen warten. So sagt er im Kapitel 18 von de sera num. vind., nachdem er betont hat, daß der Glaube an die Pronoia und der Glaube an die Fortdauer der Seele nicht voneinander zu trennen sind: „Wenn die Seele aber nach dem Tode fortbesteht, ist es wahrscheinlich, daß ihr Belohnungen und Strafen eher (als vorher) zuteilwerden. Denn wie ein Wettkämpfer kämpft sie das Leben über, wenn sie aber den Kampf zu Ende geführt hat, dann erlangt sie das, was ihr zusteht."[12] Im Mondmythos wird ohne mythische Ausmalung gesagt, daß die Seelen nach dem Tod im Raum zwischen Erde und Mond umherirren und die Ungerechten dabei für ihre Untaten büßen müssen[13]. Und in non posse zählt Plutarch es zu den Belohnungen der Guten, daß sie die Bestrafung der Schlechten mitansehen können[14].

Die Furcht der Schlechten vor dem Hades in non posse ist also nicht einfach falsch, sondern die richtige Überzeugung von einer Bestrafung nach dem Tod ist verbunden mit einer falschen Vorstellung von der Art und Weise dieser Strafe[15]. Eine solche falsche Vorstellung scheint auch der Thespesios-Mythos wiederzugeben, doch daß man seine eigenen Mythen, wie auch alle anderen, nicht wörtlich nehmen darf, sagt Plutarch selbst immer wieder: irgendwie berühren die Mythen die Wahrheit, erfassen sie aber nicht genau[16].

Genaueres über die jenseitigen Strafen ist den Menschen im Diesseits verborgen[17]. Als Abschluß und Höhepunkt der Strafe sah Plutarch offenbar die

---

12. 560 f. 561 a.
13. De fac. in orbe lun. 28, 943 c.
14. 28, 1105 c.
15. Wie bei der Furcht vor den irdischen Strafen (s. o. S. 53) kommt dazu, daß die Schlechten die heilende Funktion auch der Jenseitsstrafen nicht erkennen (de sera num. vind. 25, 564 f.).
16. De Is. et Os. 20, 358 f. 359 a; 36, 365 d; Amat. 17, 762 a. Diese Bewertung kommt auch in den Einführungen zu den eschatologischen Mythen zum Ausdruck (de gen. Socr. 21, 589 f; de sera num. vind. 18, 561 b; de fac. in orbe lun. 26, 940 f), s. dazu *Beck* a. a. O. S. 25–27. Daß die eschatologischen Mythen nicht wörtlich zu verstehen sind und daß sie bei angemessener Auslegung den anderen Aussagen Plutarchs über das Jenseits nicht widersprechen, meinen *Latzarus* (S. 125 f.), *Beaujeu* (S. 22) und *Hadas* (S. 281). Es ist allerdings fraglich, ob man so weit gehen kann wie *Beaujeu*, der auch den Aufstieg der Seelen zu Mond und Sonne symbolisch deutet (S. 21 f.). Dagegen wendet sich *W. Hamilton*, The Myth in Plutarch's De facie (940 f–945 d), Cl. Qu. 28, 1934, S. 24–30 und The Myth in Plutarch's De genio (589 f–592 e), Cl. Qu. 28, 1934, S. 175–182. Widersprüche in Plutarchs Jenseitsvorstellungen konstatieren *Abernetty* (S. 74 f., s. dazu o. S. 49 f. Anm. 7), *Moellering* (S. 119–157) und *L. Valentin* (a. a. O. S. 570 f., s. o. S. 62 Anm. 78).
17. De sera num. vind. 18, 561 a: ἀλλ' ἃς μὲν ἐκεῖ καθ' ἑαυτὴν οὖσα (sc. ψυχή) κομίζεται τῶν προβεβιωμένων χάριτας ἢ τίσεις, οὐθέν εἰσι πρὸς ἡμᾶς τοὺς ζῶντας, ἀλλ' ἀπιστοῦνται καὶ λανθάνουσι.

Wiedergeburt an[18]. Nur für die unheilbar Schlechten scheint er an ein völliges Verschwinden der Seele (durch Vernichtung?) gedacht zu haben[19].

18. So ist im Timarch-Mythos gar nicht von Strafe, sondern nur von Wiedergeburt die Rede, und die Erde wird Hades genannt (de genio Socr. 22, 591 a. c; mit Hades ist wohl auch Amat. 17, 762 a; 19, 764 f–765 a das Leben in dieser Welt gemeint, vgl. *R. M. Jones* S. 64 f.). Cons. ad ux. 10, 611 d–f verwirft Plutarch die epikureische Ansicht, daß nach dem Tod nichts Schlimmes mehr zu erwarten sei; inhaltlich wird das Schlimme dann als erneute Geburt beschrieben. Wenn *Beaujeu* über Plutarchs Hades-Vorstellungen sagt „l'Enfer, c'est la terre et c'est le corps" (S. 22), trifft er sicher das Wichtigste, übersieht aber, daß Plutarch auch in nichtmythischen Texten die Vorstellung von jenseitigen Strafen aufrechterhält (s. o. Anm. 12, 13, 14).

19. In de sera num. vind. wird die Strafe für die unheilbar Schlechten von dem Verwandten des Thespesios so beschrieben: ἅπαντας ἠφάνισε (sc. ἡ 'Ερινύς) καὶ κατέδυσεν εἰς τὸ ἄρρητον καὶ ἀόρατον (25, 564 f; vgl. o. Anm. 9). Das bedeutet entweder, daß die unheilbar Schlechten an einen unaussprechlichen und unsichtbaren Ort gebracht (so *Méautis* S. 67) oder daß sie völlig vernichtet werden und man dadurch nichts mehr von ihnen hört und sieht (so *Jones* S. 66 f. zur Parallelstelle de lat. viv. 7, 1130 e, s. u.). In keinem Fall können mit den später geschilderten Strafen, die Thespesios selbst sieht (30, 566 e–31, 567 e; s. S. 14), die Strafen der Erinys für die unheilbar Schlechten gemeint sein, wie *Nilsson* (II S. 552) und offenbar auch *E. Norden* annehmen (P. Vergilius Maro Aeneis Buch VI, 3. Aufl. Leipzig 1926, S. 43 f.: 23, 563 e–26, 565 e sei vom τόπος καθαρμοῦ, 30, 566 e–32, 567 f vom τόπος κολάσεως die Rede.). Daß in Kapitel 30 und 31 die Strafen der Dike beschrieben werden, beweist auch das darauf folgende Kapitel, das von den Vorbereitungen für die Einkörperung in Tierleiber handelt (32, 567 e. f), denn Wiedergeburt als Tier war vorher unter die Strafen der Dike gezählt worden (26, 565 d), und es fehlt jeder Hinweis, daß in Kapitel 32 eine andere Gruppe von Seelen als in Kapitel 30 f. behandelt wird.

Eine Parallele zu der Beschreibung vom Wirken der Erinys in de sera num. vind. 25, 564 f (s. o.) findet sich de lat. viv. 7, 1130 e: ἀλλ' ἐν κολαστήριον ὡς ἀληθῶς τῶν κακῶς βιωσάντων, ἀδοξία καὶ ἄγνοια καὶ παντελῶς ἀφανισμός. ἀδοξία und ἄγνοια (hier passivisch zu verstehen als Unbekanntsein) entsprechen ἄρρητον und ἀόρατον in de sera num. vind., ἀφανισμός entspricht ἠφάνισε. Die κακῶς βιώσαντες werden als dritte Gruppe genannt; eine andere Gruppe sind die εὐσεβεῖς, die nach dem Tod in einem glücklichen Zustand leben (7, 1130 c); die Beschreibung einer weiteren Gruppe ist offenbar ausgefallen (*Einarson/de Lacy* haben m. E. keinen Anhalt im Text dafür, daß die Schilderung des εὐσεβῶν χῶρον nach dem ersten Pindar-Zitat beendet ist und dann die des Aufenthaltsortes der Guten folgt). Für die beiden genannten Gruppen zitiert Plutarch einige Verse von Pindar. Nun findet sich bei Pindar Ol. 2, 56–80 folgende Dreiteilung, die das Schicksal der Seelen nach dem Tod betrifft: 1. Die Frevler werden bestraft. 2. Die ἐσθλοί führen ein sorgenfreies Leben bei den Göttern. 3. Diejenigen, die sich dreimal im Diesseits und im Jenseits von Unrecht fernhielten, kommen zur Insel der Seligen. Daher nimmt *Wilamowitz* (Pindaros, Berlin 1922, S. 499 f.) an, daß die Schilderung der dritten Gruppe in de lat. viv. ausgefallen ist und zwar am Anfang des Kapitels. *R. M. Jones* (S. 66 f.) und *G. M. Lattanzi* (a. a. O. S. 334) gehen dagegen von der Dreiteilung Plutarchs in Gute, heilbar und unheilbar Schlechte aus (s. o. S. 52 Anm. 21) und vermuten, daß die Beschreibung der heilbar Schlechten in de lat. viv. fehlt (nach *R. M. Jones* durch Textausfall, nach *Lattanzi* war ihre Nennung hier nicht nötig). Die Parallelstelle de sera num. vind. 25, 564 f (s.o.) macht diese Annahme sehr wahrscheinlich. Es ist ja durchaus denkbar, daß Plutarch nur für die Guten und für die unheilbar Schlechten Pindar zitiert oder die aus Ol. 2 bekannte Dreiteilung Pindars seinem Sinn uminterpretiert.

2. Die große Menge (26, 1104 b-28, 1105 c)

Bei der zweiten Gruppe überwiegen auch in der Jenseitserwartung Hoffnung und Freude: „Für die Menge ist mit der von den Mythen ausgehenden Furcht vor dem Hades die Hoffnung auf Ewigkeit verbunden; und die Liebe zum Sein, ältestes und größtes aller Verlangen, übertrifft durch beglückende Freude jene kindische Furcht".[20] Daher will man auch lieber, daß die toten Verwandten und Freunde Übles erleiden und dabei im Sein bleiben, als daß sie gänzlich zu Nichts werden, und man spricht von einem Sterbenden gern in Ausdrücken wie „er geht weg", „er sucht einen anderen Ort auf", die den Tod als Ortsveränderung, nicht als Vernichtung bezeichnen. Aus dem Verlangen nach Fortdauer kommt es auch zu dem Brauch von Grabbeigaben, den Plutarch als Irrweg ansieht. Am Tod fürchten also alle, so hält er Epikur entgegen, gerade das, was das Nichtsein der Seele ausmacht, wie Empfindungslosigkeit, Vergessen und Unwissenheit, während die Gestalten der Unterwelt so wenig gefürchtet werden, daß man ihnen sogar Theaterstücke, Chöre und andere Dichtungen widmet[21].

In einem Fragment aus περὶ ψυχῆς ist noch erkennbar, daß Plutarch auch in dieser Schrift von der uralten δόξα τῆς ἀφθαρσίας der Menschen gehandelt und sie der Lehre der Epikureer von der überragenden Bedeutung der Todesfurcht entgegengehalten hat[22]. Auch hier beweist er diese Anschauung mit dem Sprachgebrauch, der einen Ortswechsel des Toten anzeigt. Die Richtung des

---

20. 26, 1104 b. c, p. 165, 18–22. Überliefert ist am Anfang: τοῖς δὲ πολλοῖς καὶ ἄνευ φόβου περὶ τῶν ἐν Ἅιδου ἡ περὶ τὸ μυθῶδες τῆς ἀιδιότητος ἐλπίς.
Dieser Text muß an drei Stellen geändert werden.
1. καὶ ἄνευ ändert *Apelt* überzeugend in κοινωνεῖ. *Pohlenz* ergänzt stattdessen ἱκανή vor καὶ ἄνευ, das bedeutet: für die Menge genügt die Hoffnung auf Ewigkeit auch ohne Furcht, während die Schlechten nur durch Furcht vom Unrecht zurückgehalten werden können. Damit kommt ein ganz neuer Gedanke hinzu, der weder bei der Behandlung des Götterglaubens genannt, noch im folgenden aufgenommen wird. *Bernardakis* und *Einarson/de Lacy* behalten hier den überlieferten Text ohne Ergänzung bei, dem widerspricht aber im folgenden Satz die Aussage, daß die Furcht von der Freude übertroffen wird; also ist auch bei der Menge Furcht vorhanden.
2. *Reiskes* Änderung von περὶ τὸ μυθῶδες in παρὰ τ.μ. wird allgemein angenommen.
3. *Einarson/de Lacy* tilgen ἡ vor παρὰ τὸ μυθῶδες und setzen es vor τῆς ἀιδιότητος ἐλπίς. Das entspricht dem Sinn besser, vgl. 7, 1091 f: μέχρι τοῦ μὴ ταράττεσθαι τοῖς ἐν Ἅιδου κακοῖς παρὰ τὰς κενὰς δόξας.
Der geänderte Text lautet dann: τοῖς δὲ πολλοῖς κοινωνεῖ φόβου περὶ τῶν ἐν Ἅιδου παρὰ τὸ μυθῶδες ἡ τῆς ἀιδιότητος ἐλπίς.
21. Dieser Sinn ist auch in dem korrupten Text erkennbar und wird von den verschiedenen Versuchen der Textherstellung nicht betroffen.
22. Frg. 177 Sandb., bei Stobaios unter dem Namen des Themistios überliefert und von *Wyttenbach* aufgrund von Stil und Dialogpersonen überzeugend Plutarch zugeschrieben. Daß es aus περὶ ψυχῆς stammt, ist wahrscheinlich.

Ortswechsels bestimmt er dann am Worte ϑάνατος, aus dem er ἄνω ϑέον heraushört, und zwar ist es die Seele, die nach oben entweicht[23]. Den Brauch von Grabbeigaben muß Plutarch daher ablehnen, denn er enthält ebenso wie die Erwartung von mythischen Strafen die falsche Vorstellung, daß die weiterlebende Seele noch so etwas wie einen Körper habe.

Verlangen nach Leben haben aber nicht nur die vielen Mittelmäßigen, sondern alle Menschen, und Plutarch sagt auch ausdrücklich, daß *alle* das Nichtsein der Seele fürchten. Dann gilt das ebenso für die Schlechten, und ihre Furcht vor dem Hades muß wie die der Menge den erfreulichen Aspekt haben, daß die Seele nicht völlig ausgelöscht wird. Hier zeigt sich, daß das Schema der drei Gruppen von Gläubigen, nach dem die Schlechten nur Furcht, die Mittelmäßigen Furcht und Freude und die Guten nur Freuden haben, ursprünglich für den Götterglauben konzipiert ist. Im Blick auf die Götter kann Plutarch überzeugend darstellen, daß die Schlechten nur Furcht und die Mittelmäßigen Furcht und Freude haben. Auf den Jenseitsglauben überträgt er das Schema nachträglich, teilt dann der Furcht der Schlechten dieselbe Funktion zu wie beim Götterglauben und fügt bei den Mittelmäßigen ein Argument ein, das für alle Menschen gilt.

In dem Abschnitt über den Götterglauben wurde den Freuden der Menge der Zustand des Epikureers gegenübergestellt, der nicht nur an diesen Freuden keinen Anteil hat, sondern darüberhinaus in unangenehmer Weise heucheln muß[24]. Analog argumentiert Plutarch auch bei der Behandlung des Jenseitsglaubens auf doppelte Weise (1104 e): der Hoffnung auf Weiterleben nach dem Tod, aus der die Menge große Freuden schöpft, wird Epikur nicht gerecht und darüberhinaus entwertet er sogar das Leben selbst[25]. Denn wenn man sagt, daß der Mensch nur einmal lebt und dann in Ewigkeit nicht mehr existiert[26], erscheint die Gegenwart im Vergleich zum Ganzen klein und unbedeutend. So lassen die Epikureer sie denn nach Plutarchs Meinung ungenossen verstreichen und bemühen sich nicht um Tugend und Tätigkeit, da sie durch das Bewußtsein ihrer eigenen Nichtigkeit entmutigt werden.

Plutarch spricht hier Epikur den Genuß der Gegenwart ab, wie er ihm vorher εὐσέβεια abgesprochen hat, indem er ganz von seinen Voraussetzungen ausgeht[27]. Die Fortsetzung der zitierten Sentenz zeigt nämlich, daß Epikur mit dem Hinweis auf die Kürze des Lebens gerade zum rechten Auskosten der

---

23. Vgl. frg. 200 und 201 Sandb., die bei Stobaios entweder fälschlich unter dem Namen des Porphyrios überliefert sind oder ein Zitat des Porphyrios aus Plutarch darstellen.
24. Vgl. o. S. 58.
25. Die kleine Änderung des überlieferten προσεπισφάττουσιν (27, 1104 e, p. 166, 25) in προεπισφάττουσιν durch *Pohlenz* entspricht genau dem folgenden Gedankengang.
26. Epic. frg. 204 Us. = Gnom. Vat. 14.
27. Vgl. o.S. 58 f.

Gegenwart auffordern will[28]. Weil er dabei aber ἀρετή und πρᾶξις vernachlässigt (1104 f), entgehen ihm nach Plutarch die wahren Freuden, wie Plutarch im Anschluß an ein Argument der akademischen Epikureer-Polemik im Mittelteil von non posse schon ausführlich dargestellt hat[29]. Die Verbindung der epikureischen Einstellung zur Tugend mit der Erwartung für die Zeit nach dem Tod in Kapitel 27 stammt wohl ebenfalls aus der Tradition der Epikureer-Polemik[30].

Weil die Furcht vor dem Tod Furcht vor dem Nichtsein ist, wie bei den Mittelmäßigen gezeigt wurde, kann Epikur sie nicht aufheben, denn wenn er sagt, daß das Aufgelöste keine Empfindung habe und das Empfindungslose uns nicht berühre[31], nennt er gerade das, was am Tod furchterregend ist: die Auflösung der Seele in etwas, was nicht denkt und nicht empfindet. Dieses Argument, mit dem Epikurs Lehre in diesem einen Punkt grundsätzlich angegriffen wird, nimmt Plutarch im 30. Kapitel wieder auf[32].

Zum Schluß (1105 a) wiederholt Plutarch noch einmal, daß alle sogar die mythischen Strafen, die Epikur für den Grund der Todesfurcht hält, dem Nichtsein vorziehen würden. Aber an solche Strafen glauben nur wenige und diese meinen auch, daß Einweihungen und Mysterien sie davor bewahren werden[33]. Damit fällt Plutarch in polemischer Übertreibung aus seiner eigenen These heraus, daß die wenigen Schlechten nur Furcht und die vielen Mittelmäßigen immerhin auch Furcht vor dem Jenseits haben.

3. Die guten Menschen (28, 1105 c-29, 1106 c)

Die Guten erwarten vom Jenseits nur das Schönste, nämlich Belohnung für ihr gutes Leben und Schau der Wahrheit. Wie in de sera num. vind. erläutert Plutarch mit dem Bild vom Wettkämpfer, daß die Seele gleich diesem erst nach vollendetem Kampf belohnt wird[34]. Zu ihrer Belohnung gehört auch, daß sie die

---

28. Gnom. Vat. 14: σὺ δὲ τῆς αὔριον οὐκ ὢν κύριος ἀναβάλλῃ τὸν καιρόν. ὁ δὲ πάντων βίος μελλησμῷ παραπόλλυται καὶ διὰ τοῦτο ἕκαστος ἡμῶν ἀσχολούμενος ἀποθνῄσκει.
29. Vgl. o. S. 46 ff.
30. Vgl. Cic. Tusc. I, 32: nemo umquam sine magna spe immortalitatis se pro patria offerret ad mortem.
31. Sent. 2.
32. Vgl. u. S. 77 f.
33. Vgl. Plato Resp. 364 d–365 a; 366 a. b: mit Berufung auf die Dichter meinen einige, sich durch Einweihungen vor den Strafen im Hades schützen zu können.
34. 18, 561 a. Der Sieger im Wettkampf wird mit einem Kranz ausgezeichnet, vgl. de fac. in orbe lun. 28, 943 d: die guten Seelen, die auf den Mond gelangt sind, ziehen wie Sieger umher ἀναδούμεναι στεφάνοις πτερῶν εὐσταθείας λεγομένοις. Auch im Neuen Testament wird das Leben mit einem Wettkampf und die eschatologische Gabe Gottes mit einem Kranz verglichen, s. 1 Kor. 9, 24 f.; 2 Tim. 4, 8; Jak. 1, 12; Apok. 2, 10.

Bestrafung der Schlechten sehen, die im Leben die Guten verspottet haben[35]. Näheres über die Art der Belohnung sagt Plutarch hier nicht und auch sonst äußert er sich darüber nicht ausdrücklich. Nach dem Mondmythos gelangen die guten Seelen, während die schlechten ihre Strafe abbüßen, erst auf die sogenannten Hadeswiesen, um sich von den Befleckungen durch den Körper zu reinigen, sodann auf den Mond, wo sie ein leichtes, aber noch kein seliges und göttliches Leben führen; dieses erlangen sie erst, wenn sie nach dem zweiten Tod, dem Tod der unvernünftigen Seele, zur Sonne kommen[36]. Es wäre denkbar daß die Belohnung in non posse mit dem Aufenthalt auf Hadeswiesen und Mond und die Schau der Wahrheit mit der Rückkehr zur Sonne zusammenfallen[37].

Den Zustand der Seele im Körper und ihre Befreiung durch den Tod, der die volle Schau der Wahrheit erst möglich macht, beschreibt Plutarch mit Anspielungen auf Platon: während des Lebens, wenn der Geist noch vom Körper getrübt wird[38], blicken die Guten wie eingesperrte Vögel nach oben[39], um dem Körper zu entfliehen, und machen die Seele durch die Philosophie frei von allem Sterblichen[40] und zum Tod bereit[41]. So ist der Tod für sie ein großes Gut, denn erst im Jenseits findet die Seele ihr wahres Leben in der Schau des Seins.

Ähnlich beschreibt Plutarch in de Is. et Os. die Beziehung der Seele zu Gott im irdischen Leben und nach dem Tod: wie die Erkenntnis der Wahrheit ist die volle Gemeinschaft mit Gott erst nach dem Tod möglich, im Leben wird sie durch den Körper beeinträchtigt und kann nur bruchstückhaft mit Hilfe der Philosophie erlangt werden[42]. In de Is. et Os. setzt Plutarch die Gottheit, der die höchste Erkenntnis zukommt, mit dem Inhalt dieser Erkenntnis, dem κόσμος νοητός, gleich, so daß hier Wahrheitserkenntnis und Gottesgemeinschaft zusammenfallen[43]. Wenn er an anderen Stellen von der Weltentstehung spricht,

---

35. Vgl. de sera num. vind. 2, 548 e: Die Bestrafung des Übeltäters tröstet den, der das Übel erlitten hat.
36. De fac. in orbe lun. 27, 942 f (vgl. dazu frg. 178 Sandb., die Fortsetzung von frg. 177); 28, 943 c. d; 30, 944 e.
37. Die Hauptzüge des Mondmythos müssen wörtlich, nicht symbolisch verstanden werden, s. *W. Hamilton* a. a. O. (Anm. 16) S. 24–30.
38. Plutarch bezeichnet hier den Geist als feucht, wohl mit einer Anspielung auf Heraklit (frg. 117; 118; s. *Méautis* S. 62). Vgl. de fac. in orbe lun. 28, 943 c, wo der Zustand der Seele auf dem Mond mit Heraklit frg. 98 beschrieben wird.
39. Der Vergleich der Seele mit einem gefangenen Vogel auch cons. ad ux. 10, 611 e; vgl. Plato Phaedr. 249 d.
40. Wörtlich „leicht und unbeschwert", vgl. de sera num. vind. 23, 564 a: die Seelen der Gestorbenen haben menschliche Gestalt, τὸν δ' ὄγκον εὐσταλεῖς.
41. Vgl. de tranqu. an. 18, 476 b; Plato Phaedr. 64 a; 67 d. e.
42. De Is. et Os. 78, 382 f. 383 a.
43. Gleich im ersten Kapitel schreibt Plutarch, daß der Verständige die Götter vor allem bitten muß, ihm so viel Wissen wie möglich über sie selbst zu schenken, und begründet

hält er sich an den platonischen Timaios und unterscheidet Gott und Ideen[44]. Wie sich Plutarch die Beziehung zwischen Gott und den Ideen genau vorstellt, läßt sich aus den überlieferten Schriften nicht entnehmen[45]. So viel geht aber aus der Identifikation von beiden in de Is. et Os. hervor, daß für Plutarch die Ideen ganz eng zu Gott gehören[46].

Um der Freude der Guten den Zustand des Epikureers wirkungsvoll gegenüberzustellen, verweist Plutarch wie beim Götterglauben auf die Freundschaft bei Epikureern und Platonikern, dieses Mal auf die Freundschaft mit Menschen (1105 d fin.): wenn die Seelen im Jenseits weiterleben, werden sich dort auch Verwandte und Freunde wiedersehen, und der Teil des Menschen, der denkt und liebt, wird mit demselben Teil des anderen Menschen zusammensein[47].

---

das so: ὡς οὐθὲν ἀνθρώπῳ λαβεῖν μεῖζον, οὐ χαρίσασθαι θεῷ σεμνότερον ἀληθείας (351 d. e). Das Wissen über die Götter wird hier also mit der Wahrheit gleichgesetzt. Dann fährt der Text fort, daß die Götter durch ἐπιστήμη und φρόνησις glückselig sind, διὸ θειότητος ὄρεξίς ἐστιν ἡ τῆς ἀληθείας μάλιστα δὲ τῆς περὶ θεῶν ἔφεσις (2, 351 e). Hier wird die Wahrheit über die Götter von anderer Wahrheit unterschieden; daß die Wahrheit über die Götter aber die höchste ist, wird einige Zeilen danach deutlich: Ziel des Kultes ist ἡ τοῦ πρώτου καὶ κυρίου καὶ νοητοῦ γνῶσις (2, 352 a). In der Deutung des Osiris-Mythos wird Osiris als τὸ ὄν und τὸ νοητόν interpretiert (54, 373 a. b; 77, 382 c), vgl. zu dieser Auslegung *Antonie Wlosok*, Laktanz und die philosophische Gnosis, Heidelberg 1960, S. 56–59 und die dort angegebene Literatur.

44. De an. procr. 22, 1023 c: Gott schafft die Seele durch Nachahmung der Idee; quaest. conv. VIII, 2, 720 b: die Welt entstammt von den drei Prinzipien Gott, Idee und Materie, s. *Dörrie* S. 522 f. Zur Geschichte der Drei-Prinzipien-Lehre im Mittelplatonismus vgl. *H. Dörrie*, Die Frage nach dem Transzendenten im Mittelplatonismus, Entretiens sur l'Antiquité classique V, Vandoevres-Genf 1957, S. 193–223.

45. Nach dem Lamprias-Katalog sind zwei Schriften über die Ideen verloren. Nr. 67: ποῦ εἰσιν αἱ ἰδέαι; und Nr. 68: πῶς ἡ ὕλη τῶν ἰδεῶν μετείληφεν, ὅτι τὰ πρῶτα σώματα ποιεῖ. Wenn *H. J. Krämer* (Der Ursprung der Geistmetaphysik, Amsterdam 1964 S. 101) feststellt, daß Osiris als denkendes Prinzip der Transzendenz und Ort der Ideen **diese selbst denkt** zieht er eine naheliegende Folgerung aus den Aussagen in de Is. et Os. (s. Anm. 43), die von Plutarch selbst aber **nicht** ausgeführt wird, vgl. *R. M. Jones* S. 102; *J. H. Loenen*, Albinus' Metaphysics, Mnem. 10, 1957, S. 46; *H. Dörrie* S. 524. Im Anschluß an das 54. Kapitel von de Is. et Os. vermutet *Melisanda Codignola* (a. a. O. S. 484, s. o. S. 61 Anm. 74), daß die platonischen Ideen bei Plutarch zu von der Gottheit abgeleiteten Wesen werden, die durch Zeugung der Gottheit in der Materie entstehen. Daß Plutarch mit den de Is. et Os. 54, 373 a genannten εἰκόνες, λόγοι, εἴδη und ὁμοιότητες, die das αἰσθητόν vom νοητόν aufnimmt, nicht die Ideen im platonischen Sinn meint, geht aus der Fortsetzung des Satzes hervor, wo der κόσμος αἰσθητός als Abbild des κόσμος νοητός bezeichnet wird: also kann der κόσμος αἰσθητός auch nur Abbilder der Ideen hervorbringen.

46. Die Identifikation von Gott und Ideenwelt in de Is. et Os. ist nicht nur wegen der Deutung des Mythos erforderlich, wie *R. M. Jones* S. 102 annimmt, sondern tritt schon im ersten Kapitel auf, in dem der Mythos noch keine Rolle spielt, s. o. Anm. 43.

47. In der Lacuna 28, 1106 a, p. 169, 16 muß sinngemäß eine Aufforderung stehen, sich von denen abzuwenden, die an dieses Wiedersehen nicht glauben. Zu den verschiedenen Lösungsversuchen vgl. den Apparat und *E. Bignone*, Note Plutarchee, Athenaeum 1915, S. 60 f.

Für Epikur dagegen existieren von den Toten nur noch εἴδωλα ohne Vernunft und Empfindung[48]. Welche Freuden entgehen ihm da, wenn er selbst zugibt, daß schon die Erinnerung an einen toten Freund angenehm ist! Dieser Ausspruch Epikurs ist sonst nicht bezeugt, aber er paßt gut zu seiner Lust-Lehre, in der die Erinnerung an vergangene Lust einerseits[49] und die Freundschaft andererseits[50] eine große Bedeutung haben. Plutarch hat diesen Satz wohl selber bei Epikur gelesen und daraus für seinen Zusammenhang den Vergleich mit der Jenseitserwartung der Guten geschaffen.

In einem weiteren Vergleich zeigt Plutarch, wie sich die Jenseitserwartungen der guten Gläubigen und der Epikureer in Glück und Unglück auswirken. Den Vergleich im Unglück hatte er schon am Ende der Behandlung des Götterglaubens vorgezogen[51]. In Kapitel 29 wird das Motiv ganz ausgeführt und hat also hier seinen ursprünglichen Platz. Im Glück freuen sich die Guten noch mehr, weil sie für das Jenseits noch Größeres erwarten, im Unglück schöpfen sie aus ihren Jenseitserwartungen Trost, weil sie das Leben nur als einen kurzen Umweg ansehen. Für die Epikureer, die im Tod die Auflösung erwarten, bedeutet der Tod in jedem Fall einen Verlust (1106 b. c)[52], und zwar für die Glücklichen noch mehr als für die Unglücklichen: diese verlieren nur die Hoffnung, daß es ihnen einmal besser gehen wird, jene verlieren ein sicheres Gut, das ἡδέως ζῆν. So ist Epikurs Lehre wie eine schlechte Arznei: dem Kranken, d. h. dem Unglücklichen, kann sie nicht helfen und dem Gesunden, d. h. dem Glücklichen, fügt sie Schaden zu[53].

Der Vergleich von Vertretern verschiedener Anschauungen in Glück und

---

48. Solche εἴδωλα lösen sich nach epikureischer Lehre von allen Körpern ab, s. Ep. 1, 46–52; Lukrez Buch IV.
49. Vgl. non posse 4, 1089 a; 18, 1099 d, dazu o. S. 28 ff.
50. Sent. 27; 28.
51. Vgl. o. S. 64 ff.
52. 29, 1106 b ist überliefert τούτοις ὁ θάνατος οὐ τῶν κακῶν μεταβολὴν ἐπιφέρων, ἀμφοτέροις μέν ἐστι λυπηρός. Hier muß im ersten Teil des Satzes eine Anspielung auf die Bedeutung des Todes für die Glücklichen ausgefallen sein, von denen im folgenden auch die Rede ist. Die Ergänzung von *Einarson/de Lacy* τῶν ἀγαθῶν οὐ τῶν κακῶν μεταβολὴν ἐπιφέρων entspricht dem Gedankengang am besten. – Der Gedanke, daß die Auslöschung der Seele im Tod ein Glück für die Ungerechten wäre (Plato Phaed. 107 c), findet sich weder hier noch 10, 1093 a, wie *C. Andresen* annimmt (Justin und der mittlere Platonismus, ZNW 24, 1952/3, S. 157 Anm. 3).
53. 29, 1106 c, p. 170, 9 ist der Text korrupt, doch der Gedankengang zeigt deutlich, daß vor κουφίζεται mit *Madvig* οὐ zu ergänzen ist, denn daß Epikur den Unglücklichen keinen Trost geben kann, wurde gerade vorher gesagt. Außerdem ist es widersinnig, daß schlechte φάρμακα den Kranken doch Erleichterung bringen sollen. ἀλλ' ἀναγκαῖα ist mit *L. Castiglioni* (Gnom. 26, 1954 S. 84 f.) als späterer Zusatz zu streichen, aber nicht weil dieses Prädikat auf Epikurs Lehre nicht zutrifft (nicht jeder Zug eines Vergleichs muß auf das Verglichene übertragen werden können!), sondern weil es μὴ χρηστά widerspricht: wie kann eine schlechte Arznei notwendig sein?

Unglück scheint ein beliebtes Mittel der Polemik gewesen zu sein: in de sup. werden der ἄθεος und der δεισιδαίμων auf diese Weise verglichen[54]. Das Ziel des Vergleichs ist immer der Nachweis, daß die gebilligte Anschauung mehr Glück ermöglicht und das Unglück mildert, während die bekämpfte Richtung das Glück beeinträchtigt und im Unglück keine Hilfe bringt. In non posse erwächst der Vergleich aus der Grundthese dieses letzten Teiles, daß die Jenseitshoffnung große Freuden bringt, während den Epikureern diese Freuden entgehen. Da sich dieser Gedanke als plutarchisch herausgestellt hat[55], ist es möglich, daß Plutarch auch den Vergleich in Glück und Unglück selbst geformt hat[56].

4. Die Todesfurcht (29, 1106 c-30, 1107 a)

Der folgende Abschnitt beginnt mit der Feststellung, die auch in der vorhergehenden Argumentation zugrunde lag: es versteht sich von selbst, daß der Gedanke an den Verlust von Gütern von Natur aus ebenso schmerzlich ist, wie sichere Hoffnungen und der Genuß von Vorhandenem erfreuen. Trotzdem behaupten die Epikureer, der Gedanke an die Auflösung der Seele im Tod sei ein hohes Gut, weil er die Angst vor unaufhörlichen Übeln (gemeint sind die Hadesstrafen) beseitige. Sie sagen somit selbst, daß es sehr angenehm ist, von der Erwartung endloser Übel frei zu sein, und wollen dennoch nicht zugeben, daß der Verlust ewiger Güter schmerzlich ist. Wieso ihre Lehre den Verlust ewiger Güter einschließt, erklärt Plutarch im nächsten Satz: die Auflösung ist weder für den Glücklichen noch für den Unglücklichen ein Gut, „sondern allem Seienden ist das Nichtsein fremd und gegen die Natur."[57] Hier wird offenbar

---

54. 7, 167 f–9, 169 e.
55. Vgl. o. S. 48.
56. Auch in de sup. hat Plutarch den Vergleich nicht so, wie er jetzt dasteht, übernommen, sondern mußte zumindest zwei Vorlagen zusammenstellen. Der Vergleich im Unglück vergleicht das Verhalten von ἄθεος und δεισιδαίμων allgemein und schildert den ἄθεος rein positiv, stammt also aus einer atheistischen Quelle (vgl. o. S. 49 Anm. 6). Bei dem Vergleich im Glück wird nur ein spezieller Fall von Glück herausgegriffen, nämlich die Ausübung des Kultes, was nicht aus einer atheistischen Quelle stammen kann.
57. Wenn 29, 1106 d, p. 170, 26 ff. ausdrücklich gesagt wird, daß die διάλυσις im Tod weder für Glückliche noch für Unglückliche ein Gut ist, weil sie alle Menschen des Seins beraubt, ist es verwunderlich, wenn im nächsten Satz für die Unglücklichen doch wieder ein gewisses Positivum im Tod gesehen wird: sie finden in der Auflösung einen gewissen Trost, da sie so gleichsam von ihren Übeln weglaufen. Nun zielt aber doch die ganze Argumentation dahin, daß alle Menschen, also auch die Unglücklichen, durch die διάλυσις im Tod das Sein verlieren, der Tod also in jedem Fall ein Übel ist. Will man den überlieferten Text halten, müßte man sich dazudenken, daß dieser Trost ein Irrtum

die Dreiteilung der Menschen verlassen: es geht nicht mehr darum, welche Jenseitshoffnungen Schlechte, Mittelmäßige und Gute jeweils aus ihrer Situation heraus haben, sondern um das, was allen Menschen gemeinsam ist. Der Gedanke, daß das Dasein selbst ein Gut ist, war schon bei den Jenseitshoffnungen der Menge ausschlaggebend. Plutarch fügte dort ein Argument, das für alle Menschen zutrifft und Epikur grundsätzlich widerlegen soll, in seinen speziellen Zusammenhang ein[58]. Hier führt er es noch weiter aus. Gegen die zweite κυρία δόξα von Epikur („Der Tod berührt uns nicht, denn das Aufgelöste hat keine Empfindung, das Empfindungslose aber berührt uns nicht") sagt Plutarch jetzt noch deutlicher: „Das, 'was uns nicht berührt', bedeutet die Aufhebung all des Unsrigen und berührt uns deshalb doch schon durch den Gedanken daran, und das Empfindungslose betrübt nicht später die Nichtseienden, sondern die Seienden, die dadurch ins Nichtsein getaucht werden, aus dem sie nie mehr auftauchen werden." Daher, so führt Plutarch weiter aus, steigern nicht die Hadesstrafen die Todesfurcht ins Endlose, sondern Epikur, der auf das Sein endloses Nichtsein folgen läßt, schafft selbst das ewige Übel (κακὸν αἰώνιον), das er beseitigen will. Dieses Argument gilt für alle Menschen, in besonderem Maße gilt es aber für die, die glücklich zu sein scheinen (1107 a), denn für sie wird ihre Freude nur ein Köder des Leids[59], wenn sie kosten, was sie verlieren sollen. So auch für die Epikureer, die das höchste Gut in der Lust finden: der Gedanke an die Auflösung der Seele muß ihnen doch jeden Genuß und jede Freude zerstören! Nimmt man noch dazu, daß für die meisten der Tod schmerzhaft ist, wie Epikur selbst sagt, gibt es keinen Trost mehr für die Furcht vor dem Tod, „der durch Schmerzen zum Verlust aller Güter führt."

Das grundlegende Argument in diesem Abschnitt ist der Gedanke, daß die Menschen am Tod das Nichtsein fürchten, da allem Seienden das Nichtsein gegen die Natur geht; am Nichtsein gemessen erscheinen die schrecklichen Vorstellungen vom Hades, die Epikur bekämpft, als weitaus geringeres Übel. Mit der Unterscheidung von Glücklichen und Unglücklichen wird dieses Argument noch gesteigert: was für alle gilt, gilt für die Glücklichen noch mehr: sie verlieren nicht nur das bloße Leben, sondern das ἡδέως ζῆν. Schließlich führt

---

ist, wie bei Leuten, die von etwas Schlimmem weglaufen und dabei in etwas anderes Schlimmes hineinlaufen. Wahrscheinlicher ist aber m. E., daß die Aussage über die Unglücklichen zur genaueren Erläuterung von οὐδετέροις später hinzugefügt wurde, und der ursprüngliche Text lautete: ἀγαθὸν μὲν γὰρ οὐδετέροις ἀλλὰ πᾶσι τοῖς οὖσι τὸ μὴ εἶναι παρὰ φύσιν καὶ ἀλλότριον· οἷς <δ'> ἐξ ἀγαθῶν εἰς τὸ μηδὲν μεταβολή, φοβερώτατον ὁρῶσι τέλος, ἐν ᾧ παύσεται τὸ μακάριον. Dem entspricht dann 30, 1107 a, p. 171, 18 f.: καὶ μάλιστα τοῖς εὐδαιμονεῖν δοκοῦσι.
58. Vgl. o. S. 72.
59. Der Ausdruck ist eine Anspielung auf Plato Tim. 69 d: ἡδονήν, μέγιστον κακοῦ δέλεαρ.

Plutarch noch einen dritten Grund für die Todesfurcht gegen Epikur an: die Schmerzen beim Sterben. Im Ganzen werden hier also vier Arten der Todesfurcht unterschieden und Epikur wird vorgeworfen, daß seine Lehre nur eine weniger große unter diesen, nämlich die Furcht vor dem Hades, beheben kann, während die allgemeine Furcht vor dem Nichtsein, die Furcht der Glücklichen vor dem Verlust der Güter und die Angst vor einem schmerzhaften Tod bestehen bleiben.

Diese vier Arten der Todesfurcht werden auch im fünften Buch von Ciceros de finibus bonorum et malorum unterschieden. Die dort gegebene Darstellung der akademisch-peripatetischen Lehre vom höchsten Gut, wie sie Antiochos von Askalon vertritt[60], geht von der Selbstliebe aller Lebewesen aus und demonstriert diese unter anderen Beispielen auch an der Todesfurcht: „Etsi hoc quidem est in vitio, dissolutionem naturae tam valde perhorrescere..., sed quia fere sic afficiuntur omnes, satis argumenti est ab interitu naturam abhorrere".[61] Diese als Furcht vor dem Nichtsein charakterisierte Todesfurcht wird im folgenden von den anderen Arten der Todesfurcht unterschieden: es ist nicht von der Furcht derer die Rede, die der Güter des Lebens beraubt zu werden meinen oder sich vor der Unterwelt oder einem schmerzhaften Tod fürchten.[62]

Wenn die Unterscheidung von vier Arten der Todesfurcht aus der Schultradition stammt, ist es von vornherein wahrscheinlich, daß auch der Vorwurf gegen Epikur, er bekämpfe nur eine unter diesen, ebenfalls schon in der Tradition erhoben wurde. Spuren davon lassen sich bei Cicero im ersten Buch der Tusculanen erkennen, in dem Cicero Trostgründe gegen die Todesfurcht anführt. Im Stile der Trostschriften werden die Argumente der verschiedenen philosophischen Schulen zusammengestellt[63]. So finden sich hier auch Angriffe gegen Epikurs Anspruch, die Todesfurcht aufzuheben, und Entgegnungen auf diese Angriffe. Zu Beginn vertritt der Schüler die These, der Tod sei für Lebende und Tote ein Unglück, nicht wegen irgendwelcher Schrecken im Hades, sondern weil die Toten nicht mehr existieren[64]. Damit vertritt der Schüler die epikureische Auffassung vom Tod als Auflösung, und wenn er trotzdem den Tod als Übel ansieht, wird vorausgesetzt, daß die epikureische Lehre die Todesfurcht nicht beseitigt. Wie bei Plutarch wird die Furcht vor dem Hades und ihre Bestreitung durch Epikur als unwichtig herabgesetzt[65]. Gegen die These

---

60. De fin. V, 8.
61. De fin. V, 31.
62. De fin. V, 31.
63. Vgl. *R. Kassel*, Untersuchungen zur griechischen und römischen Konsolationsliteratur, München 1958, S. 47 f.
64. § 9–11.
65. Allerdings auf verschiedene Weise: bei Plutarch wird die Furcht vor dem Hades als verhältnismäßig gering dargestellt, bei Cicero als dumm, s. § 10 f.

des Schülers weist der Lehrer Cicero nach, daß der Tod für die Toten kein Unglück sein kann, weil sie nichts mehr empfinden[66], und daß somit ein „ewiges Übel" aufgehoben ist[67]. Dieser Einwand ist bei Plutarch bereits berücksichtigt: er bezeichnet den Tod als ein „ewiges Übel" in der Erwartung der *Lebenden*[68]. Für die Lebenden wird bei Cicero wie bei Plutarch die Furcht vor Schmerzen beim Sterben und vor dem Verlust der Güter genannt[69]. Unter den Gütern des Lebens nennt Cicero auch das Leben als solches, aber nur im Zusammenhang des Argumentes, daß die Toten keine Empfindung haben und also nichts entbehren können[70]. Das Hauptargument bei Plutarch, daß der Verlust des Seins für die *Lebenden* schmerzlich ist, findet sich bei Cicero nicht, wohl weil dagegen nur das Weiterleben der Seele nach dem Tod als Trost angeführt werden konnte, Cicero dieses in seiner Trostschrift aber nicht als Gewißheit, sondern nur als *eine* Möglichkeit darstellen wollte[71].

66. § 12–14.
67. § 15: infinitum quoddam et sempiternum malum.
68. In dem Satz über den Tod als „ewiges Übel" wird zwar nicht gesagt, für wen der Tod sich so darstellt, aber vorher und nachher ist nur von den Lebenden die Rede: τοὺς ὄντας (30, 1106 e); τοῖς εὐδαιμονεῖν δοκοῦσι... γενομένοις ὧν στερήσονται (30, 1107 a).
69. § 82; 83–88.
70. § 87; 90.
71. Vgl. § 82. *M. Pohlenz* vermutet, daß dieses Argument in Ciceros Vorlage gestanden hat. Cicero habe für Tusc. I, 9–81 eine Schrift von Poseidonios benutzt, die vor den Änderungen durch Cicero etwa mit folgendem Gedankengang begann: „Wer da glaubt, daß mit dem Tod alles zu Ende ist, erkennt wohl, daß der Tod für die Toten kein Übel ist; **aber damit ist für die Lebenden die Furcht vor dem Tod, der des Lebens beraubt und in das Nichts stößt, nicht beseitigt.** Diese Furcht verschwindet erst, wenn gezeigt wird, daß der Tod den Übergang zu einem besseren Leben bedeutet (vgl. § 9–16)". (Ciceronis Tusculanarum Disputationum Libri V, mit Benützung von *O. Heine*s Ausgabe erkl. von *M. Pohlenz*, 1. Heft Berlin 1957, S. 30. Hervorhebung von mir). Zum ersten Male hat *Pohlenz* diese These im Univ. Programm Göttingen 1909, S. 1–15 vertreten. Die folgende Auseinandersetzung um die Quellen des ersten Buches der Tusculanen hat § 9–16 nicht miteinbezogen (s. *K. Reinhardt*, RE XXII Sp. 576–586 s.v. Antiochos und die dort angegebene Literatur). Gegen die These von *Pohlenz* über diese Paragraphen spricht, daß die in ihnen enthaltene Argumentation in § 82–91 fortgesetzt wird, wo Cicero nach allgemeiner Meinung und der von *Pohlenz* selbst eine volkstümliche Trostschrift benutzt (*Pohlenz* Kommentar S. 31 f.; *R. Philippson* RE VII Sp. 1146). Dann liegt diese Trostschrift auch § 9–16 zugrunde (s. *Philippson* a. a. O. Sp. 1144 f.).

VI Zusammenfassung (Kap. 31)

Im letzten Kapitel faßt Plutarch die Argumentation der ganzen Schrift zusammen. Zuerst und am ausführlichsten wird der Gedankengang des letzten Teiles wiederholt: für Epikur bringt der Tod keine Hoffnung und keine Freude, sondern die Trennung von allem Angenehmen; dagegen erwarten alle die große Freuden, die an die Unsterblichkeit der Seele glauben. Das ist im Vorausgegangenen dargestellt worden, neu kommt im letzten Kapitel noch hinzu, daß Plutarch auch den Stoikern, die an ein Weiterbestehen der Seele nur bis zum Weltenbrand glauben, diese Freuden zuschreibt[1]. Damit wird Epikurs isolierte Stellung in dieser Frage gezeigt[2]. Dann rekapituliert Plutarch kurz die übrigen Teile der Schrift: Epikur hebt die Hoffnung auf göttliche Hilfe auf (Teil 4), zerstört die Liebe zum Lernen (Teil 2) und zur Ehre (Teil 3) und schränkt so die menschliche Natur auf das Vergnügen der Seele am Körper ein, als ob es kein höheres Gut für sie gäbe als die Befreiung von Üblem (Teil 1). Mit dem letzten Satz ist nur der vierte Abschnitt des ersten Teiles umschrieben, der hier wahrscheinlich deshalb herausgehoben wird, weil er auf den vierten und fünften Teil vorausweist.

Die Interpretation der einzelnen Teile hat ergeben, daß Plutarch die Grundgedanken der ersten drei Teile aus der Tradition übernimmt. Es liegt ihm aber keine einheitliche Quelle vor, sondern er stellt verschiedene überlieferte Ele-

---

1. Dabei ist hier zu der stoischen Anschauung vom Weltenbrand die Vorstellung der Seelenwanderung hinzugefügt. Vgl. dazu Seneca, ep. 104, 11; 108, 19; *W. Stettner*, Die Seelenwanderung bei Griechen und Römern, Diss. Tübingen 1930, S. 44–49.
2. Zu dieser Methode der Polemik s. o. S. 3 mit Anm. 9. Auch in de sera num. vind. 17, 560 b erwähnt Plutarch die stoische neben der platonischen Unsterblichkeitslehre (τὸ τὰς ψυχὰς ὑπάρχειν ἢ πάμπαν ἀφθάρτους ἢ χρόνον τινὰ μετὰ τὴν τελευτὴν ἐπιμενώσας). Zu Unrecht schließt *M. Pinnoy* aus dieser und der oben besprochenen Stelle in non posse, daß Plutarch zwischen beiden Anschauungen geschwankt hätte (Les rapports entre l'âme et le corps dans les Ethiques de Plutarque, in: Antidorum W. Peremans sexagenario ab alumnis oblatum, Studia Hellenistica 16, Löwen 1968, S. 195 f.). An beiden Stellen wird die stoische Lehre mit angeführt, ohne daß sie gebilligt wird. Zu ihrer Erwähnung in non posse s. o. In de sera num. vind. fragt lediglich einer der Gesprächsteilnehmer den Gesprächsführer Plutarch, ob aus dem Wirken einer göttlichen Pronoia das Fortbestehen der Seele auf die eine oder andere Weise folge. Nach Plutarchs eigener Meinung ist die Seele πάμπαν ἄφθαρτος (cons. ad ux. 10, 611 d; frg. 200 Sandb.).

mente zusammen und verbindet sie mit eigenen Ausführungen wie vor allem mit den zahlreichen historischen Beispielen im zweiten und dritten Teil. Die Grundgedanken von Teil vier und fünf dagegen, Götterglauben und Unsterblichkeitshoffnung als Quellen der Freude, sind originell plutarchisch. Zwar verwendet er zu ihrer Durchführung auch hier Material aus der Tradition, das Ganze ist aber viel stärker von Plutarch selbst geprägt als die ersten drei Teile.

Literatur[1,2]

I. Ausgaben, Kommentare und Übersetzungen der Moralia

Plutarchi Chaeronensis Moralia, Graeca emendavit, notationem emendationum
    et Latinam Xylandri interpretationem castigatam subiunxit *Daniel*
    Wyttenbach, Oxford 1795–1830 (und Leipzig 1796–1834)
Plutarchi Chaeronensis Moralia rec. *G. N. Bernardakis,* Leipzig 1888–1896
Plutarchi Moralia rec. et em. *C. Hubert, W. Nachstädt, W. R. Paton, J. Wege-*
    haupt, M. Pohlenz, W. Sieveking, J. B. Titchener, R. Westman, K.
    Ziegler, 7 Bde, Leipzig, 1925 ff.
    Bisher erschienen: Bd I–IV; V, 1.3; VI; VII.
    Non posse in Bd VI, 2, 1. Aufl. 1952 von *M. Pohlenz,* 2. Aufl. 1959
    von *M. Pohlenz/R. Westman*
Plutarch's Moralia with an English translation by *F. C. Babbit, W. C. Helmbold,*
    P. H. de Lacy, B. Einarson, E. L. Minar jr., F. H. Sandbach, N. Fowler,
    L. Pearson, H. Cherniss, P. H. Clement, H. B. Hoffleit. The Loeb
    Classical Library, 15 Bde, Harvard 1961ff.
    Bisher erschienen: Bd I–XII; XIV; XV.
    Non posse in Bd XIV, 1967 von *B. Einarson/P. H. de Lacy*
D. Babut, Plutarque, De la vertu éthique, Paris 1969
H. Görgemanns, Plutarch, Das Mondgesicht, Zürich 1968
G. Méautis, Des délais de la justice divine par Plutarque, Lausanne 1935

II. Moderne Literatur

D. Babut, Plutarque et le stoicisme, Paris 1969
D. Babut, La nature de l'âme et les passions chez Plutarque, in: Associations
    G. Budé, Actes du VIIIe congrès, Paris 1969, S. 530–532

---

1. Vgl. den neuesten Literatur-Bericht: *R. Flacelière,* Etat présent des études sur Plutarque, in: Association G. Budé, Actes du VIIIe congrès, Paris 1969 S. 483–505.
2. Die hier angeführten Arbeiten werden im Text nur mit dem Namen des Verfassers und, wenn nötig, einem Stichwort zitiert.

R. H. *Barrow*, Plutarch and his times, London 1967

J. *Beaujeu*, La religion de Plutarque, L'information littéraire II, 1959, S. 207–213 und 12, 1960, S. 18–23

E. *Bignone*, Studi Plutarchei, Parte Prima, Riv. fil. 44, 1916, S. 257–283

E. *Bignone*, L'Aristotele perduto e la formazione filosofica di Epicuro, Florenz 1936

P. *Decharme*, La critique des traditions religieuses chez les Grecs, Paris 1904, Plutarch S. 413–500

C. *Diano*, Questioni Epicuree, Rendiconti R. Acc. Lincei, Sc. Mor., Ser. VI, vol. XII, fasc. 11–12, 1936, S. 819–895

C. *Diano*, Epicuri Ethica, Florenz 1946

H. *Dörrie*, Le platonisme de Plutarque, in: Association G. Budé, Actes du VIIIe congrès, Paris 1969, S. 519–530

H. *Erbse*, Plutarchs Schrift Περὶ δεισιδαιμονίας, Hermes 80, 1952, S. 296–314

R. *Flacelière*, Plutarque et l'épicurisme, in: Epicurea, in memoriam E. Bignone, Genf 1959, S. 197–215

F. *Fuhrmann*, Les images de Plutarque, Paris 1964

P. *Geigenmüller*, Plutarchs Stellung zur Religion und Philosophie seiner Zeit, Neue Jahrb. 47, 1921, S. 251–270

H. *Görgemanns*, Untersuchungen zu Plutarchs Dialog De facie in orbe lunae, Heidelberg 1970

M. *Hadas*, The religion of Plutarch, Revue of Religion 6, 1941/2, S. 270–282

J. J. *Hartman*, De Plutarcho scriptore et philosopho, Leiden 1916

W. C. *Helmbold*, E. N. *O'Neil*, Plutarch's Quotations, Baltimore, American Philol. Assoc. 1959

R. *Hirzel*, Der Dialog, 2 Bde, Leipzig 1895, Plutarch Bd 2 S. 124–237

C. P. *Jones*, Towards a Chronology of Plutarch's Works, JRS 56, 1966, S. 61–74

R. M. *Jones*, The Platonisme of Plutarch, Menasha (Wisc.) 1916

C. *Kahle*, De Plutarchi ratione dialogorum componendorum, Diss. Göttingen 1912

P. H. *de Lacy*, Plutarch and the Academic Sceptics, CJ 49, 1953/4, S. 79–85

B. *Latzarus*, Les idées religieuses de Plutarque, Thèse Paris 1920

H. A. *Moellering*, Plutarch on Superstition, Boston 1963

M. *Nilsson*, Geschichte der griechischen Religion, Bd II, 2. Aufl. München 1961, Plutarch S. 402–413

J. *Oakesmith*, The Religion of Plutarch, London 1902

R. *del Re*, Il pensiero metafisico di Plutarco: Dio, la natura, il male, SIFC 24, 1949, S. 33–64

H. *Steckel*, Epikurs Prinzip der Einheit von Schmerzlosigkeit und Lust, Diss. Göttingen 1960

H. Usener, Epicurea, Leipzig 1887

R. Volkmann, Leben, Schriften und Philosophie des Plutarch von Chaeronea, 2 Bde, Berlin 1869

R. Westman, Plutarch gegen Kolotes, Seine Schrift „Adversus Colotem" als philosophiegeschichtliche Quelle, Helsingfors 1955

E. Zeller, Die Philosophie der Griechen, Bd III, 2, 5. Aufl. Leipzig 1923, Plutarch S. 175–218

K. Ziegler, Plutarchos von Chaironeia, Sonderdruck des RE-Artikels (Bd XXI, Sp. 636–962), 2. erg. Aufl. Stuttgart 1964

Register

(zusammengestellt von Harald F. Trede)

1. Autoren und Stellen

Aischylos
  frg. 252 (Nauck) = frg. 396
  (Mette)   23, 18
Aëtius
  I 6, 9   53, 22
Aristoteles
  EE
    1215 a 26 – 1216 a 36   41, 11
    1244 b 26ff.   43, 28
  EN
    1095 b   35, 68
    1095 b 14 – 1096 a 10   41, 11
    1099 a 13   41, 13
    1125 b 12   41, 13
    1147 b 24   36, 73
    1160 a 19–25   57, 49
    1179 b 9   41, 13
  Met.
    A 1, 980 a 21   43, 26
  Poet.
    4, 1448 b 10–19   43, 33
  Pol.
    1254 b 8   41, 14
    1324 a 25–31   41, 11
  Protr. (Düring)   32, 54
    B 72 = frg. 7 Ross   43, 26
    B 73 = frg. 7 Ross   43, 28
    B 75 = frg. 7 Ross   43, 32
    B 77   43, 26
    B 85 = frg. 14 Ross   43, 30
  Rhet.
    1365 a 31ff.   11, 33
Augustinus
  de civ. dei
    IV 27   54, 32
    VI 5. 6   54, 32
Callimachus, Hymn.
  Apoll. 1–15   57, 48
  Lav. Pal. 33   57, 48
Cicero   7, 12; 15, 53; 19, 70; 39
  ad fam.
    VII 261   32, 53
  de fin.
    I u. II   28, 39a
    I 23–25   42, 19
    I 25   42, 21 u. 22

    I 37   27, 35
    I 39   22, 13
    I 55   29, 44
    II 9   21, 5
    II 32   35, 68
    II 40f.   42, 19 u. 20
    II 92   31f., 52
    II 94   24, 21
    II 98   32, 54
    II 106   29, 44
    II 109   35, 68 u. 71
    II 110   35, 69
    II 111   38, 81
    V 8   79, 60
    V 31   79, 61 u. 62
    V 57   42, 21
  de div.
    II 40   3, 9
    II 103   3, 9
  de inv.
    I 20   11, 35
    I 22   11, 36
    I 23   12, 37
  de nat. deor.
    I 85   59, 56
    I 121   3, 9
    I 123   59, 56
  de off.
    III 102   60, 68
  de or.
    II 12   7, 12
  Tusc.
    I 9–11   79, 64
    I 10   79, 65
    I 12–14   80, 66
    I 15   80, 67
    I 32   73, 30
    IV 82   80, 69
    IV 83–88   80, 69
    IV 87   80, 70
    IV 90   80, 70
    V 96   29, 44
Democritus
  frg. 230 (Diels)   57, 49
Dio von Prusa
  8, 9   58, 51

12, 60f.	58, 52	5	11, 34
Diodor		11	37
34/35, 2, 47	54, 32	14	46, 49
Diogenes Laertius		15	66, 106
VI 72	63, 88	21	66, 106
X 8	10, 29	27	40, 1; 76, 50
X 18	64, 96	28	46, 49; 76, 50
X 22	32, 55	34	67, 2
X 34	36, 73	35	32, 57; 67, 5
X 136	21, 5	Epictetus	
Diogenes von Oinoanda		Diss.	
frg. 42 (Chilton)	66, 107	II 20	54, 33; 54, 35; 54, 37
Diogenes von Sinope	63, 88	II 27	54, 37
Epicurus	32, 56; 46, 50; 33, 60	II 32	54, 37
ep.		II 35	54, 33; 54, 35
ep. ad Herod.	45, 46	Heraclitus	
I 46–52	76, 48	Fragmenta (Diels)	
III 122	35, 66	98	74, 38
ep. ad Men. 122, 8f.	29, 44	117	74, 38
III 128–132	66, 106	118	74, 38
III 129	25, 29	Herodotus	
III 132	11, 34	VII 162	11, 33
Fragmenta (Usener)		Hesiodus	28, 40
68	31, 48	Homerus	
114	10, 29	Ilias	42
189	33, 61	Isocrates	
204	72, 26	XI 24. 25	54, 34
310	45, 45	Lactantius	
398	35, 68	de ira dei 5	60, 67
409	23, 15	Kritias	
410	40, 2	frg. 25 (Diels)	54, 34
411	28, 40	Lucretius	
412	23, 18	III 936	29, 45
413	23, 18	III 1009	29, 45
414	23, 18	IV	76, 48
417	26, 32	VI 20	29, 45
423	34, 65	Maximos von Tyros	
429	29, 42	XXI 5	25, 24
431	31, 51	XXXIII 7	25, 24
436	29, 44	Menandrus	
532	32, 58	Dysc. 560f.	58, 50
Gnom. Vat.		Metrodorus	
4	24, 19	Fragmenta (Koerte)	
14	72, 26; 73, 28	5	32, 52
17	35, 66	6 = adv. Col. 30, 1125 b	20, 2; 21, 9
37	24, 22; 25, 24	7	20, 1; 23, 15
55	35, 66	28	34, 62
Sent.		62	25, 27
1	3, 10; 59, 61; 65	Pindarus	64, 98
2	43, 31; 65; 73, 31; 78	Ol. 2, 58–80	70, 19
3	27	frg. 149	60, 64
4	23, 18; 24, 19; 24, 20; 26, 30; 32, 55; 66, 107	Platon	7, 12; 16; 19, 70; 33, 60
		Apol.	

87

21 c	64, 94
Gorg.	
493 a–d	31, 50
494 c	36, 76
496 c – 497 c	27, 36
Krit.	
44 d	52, 19
leg.	
10	62, 80
636 d.e	40, 5
653 c.d	57, 49
716 c	62, 81
902 b	60, 65
Lysis	
214 b–d	63, 91
Phaed.	
60 d ff.	64, 94
90 a	52, 19
248 d	41, 13
Phaedr.	
64 a	15, 53
67 d.e	74, 41
246 e	74, 41
247 a	60, 63
249 d	60, 65
Phil.	74, 39
46 a	36, 76
47 d – 50 e	27, 36
48 a 5–6	43, 33
Pol.	
303 a	52, 19
Prot.	
337 c	40, 6
rep.	
335 d	59, 60
347 b	41, 9
352 b	63, 92
383 b – 586 c	36, 73
364 d – 365 a	73, 33
366 a.b	73, 33
376 b	41, 15
379 a–c	60, 65
439 a ff.	41, 8
439 d	41, 17
440 a f.	41, 16
442 b	41, 16
475 c	41, 15
491 d.e	52, 19
495 b	52, 19
500 a	52, 19
519 a.b	45, 43
553 b	41, 9
580 d – 583 a	41, 10

581 e	36, 73
583 b – 585 a	27, 36
584 c	36, 74
584 d.e	36, 73
584 e	36, 73
585 a	36, 73
586 a.b	35, 68
586 d.e	40, 5
612 c	63, 92
Soph.	
265 e	60, 65
Symp.	
202 e f.	57, 45
212 af.	63, 92
212 d	7, 12
Theaet.	
176 a	60, 65
Tim.	
28 a	62, 81
29 e	59, 59
38 c – 41 d	62, 81
69 d	78, 59
90 b	41, 10
Plutarch	
de adul. et am.	
22, 63 e	61, 73
de Alex. fort.	
1, 334 b	44, 38
Amat.	
2, 749 b	8, 18
11, 755 b	8, 19
13, 756 b	49, 3; 62, 78
14, 757 b.c	63, 87
15, 757 e – 758 c	61, 73
17, 762 a	69, 16; 70, 18
18, 762 d	8, 19
18, 763 c	53, 22
19, 764 d	61, 74
19, 764f – 765a	70, 18
21, 767 c	8, 17
26, 771 d	8, 19
de an. procr.	
22, 1023 c	75, 44
de aud. poet.	
2, 16 a	53, 23
2, 17 b.c	67, 5
11, 313	7, 14
14, 36 b	2, 6
14, 37 a	2, 6
de coh. ira	
9, 458 b	53, 29
adv. Col.	4, 11; 5, 2; 9; 10; 14, 48
2, 1107 f.	9, 26

88

2, 1108 a	6, 8	16	18
2, 1108 c	10, 31; 11, 33	24	18
3, 1108 d	6, 4	24, 937 d	15, 54
5, 1109 c	20, 3	25, 939 c	9, 24
8, 1111 b	59, 57	26, 940 f	69, 16
17, 1117 b	44, 38	27 942 f	74, 36
18, 1117 d	10, 29	28, 943 c	69, 13; 74, 38
18, 1117 d.e	14, 48	28, 943 c.d	74, 36
20, 1118 d	45, 44	28, 943 d	41, 17; 73, 34
20, 1118 d–f	45, 47	30, 944 e	74, 36
27, 1123 a	36, 73; 64, 100	Fragmenta (Sandbach)	
30, 1124 e – 1125 c	35, 68	91	56, 44
30, 1125 a	11, 33; 21, 9	177	71, 22; 74, 36
30, 1125 b	20, 2	178	74, 36
32, 1126 c	10, 29; 44, 38	200	72, 23; 81, 2
33, 1126f	44, 38	201	72, 23
de comm. not.		de frat. am.	
31, 1074 f – 1075 d	61, 74	16, 487	46, 55
32, 1075 e	2, 7	16, 487 d	2, 4; 44, 38
43, 1082 e	2, 7	de gen. Socr.	
coni. praec.		9, 580 a	53, 31
28, 142 a	2, 6	21, 589 f	69, 16
cons. ad ux.		22, 591 a.c	70, 18
5, 609 d – 9, 611 a	2, 6	de Is. et Os.	50; 75
7, 610 d	23, 18	1	75, 46
10, 611 d	81, 2	1, 351 d	61, 75
10, 611 d–f	70, 18	1, 351 d.e	75, 43
10, 611 e	74, 39	2, 351 d	56, 42
de cup. div.		2, 351 e	75, 43
2, 523 f	2, 6	2, 352 a	75, 43
de curios.		3, 352 c	56, 41
14, 522 c	43, 34	8, 353 e	56, 41
de def. or.	5, 1	11, 355 c.d	56, 42
2, 410 b	48, 1a	11, 355 d	50, 10
6, 412 d	15, 53	20, 358 e	62, 82
7, 413 d	7, 15	20, 358 f. 359 a	69, 16
10, 414 f	61, 72	21, 359 c	61, 74
13, 416 e.f	57, 46	23, 359 f	49, 3
13, 417 a	53, 29; 57, 45	25, 360 ff.	62, 83
15, 417 e ff.	62, 83	27, 361 e	61, 74
15, 417 e.f	50, 7	35, 364 d ff.	61, 76
24, 423 d	60, 65	36, 365 d	69, 16
29, 426 b	63, 86	45, 369 a	51, 17; 61, 72
de E ap. Delph.	12, 39	45, 369 b	53, 22
1, 385 a	15, 53	49, 371 ff.	50, 7; 62, 81
5, 386 d	8, 23	49, 371 a.b	41, 17
15, 391 b	14, 49	53, 372 a	60, 65
16, 391 d	14, 49	54, 373 a	60, 65
17, 392 a bis Ende	61, 71	54, 373 a	75, 45
17, 392 bis Ende	61, 75	54, 373 a.b	75, 43
fin.	62	62, 376 c	62, 85
de fac. in orbe lun.	5, 1; 12, 39; 17, 66; 25, 28	64, 376 f. 377 a	61, 74
		66, 377 d.e	63, 86

67, 377 f	61, 72	6, 1090 c, p. 134, 11f.	32, 58
67, 378 a	50, 11	6, 1090 c – 1091 a	32, 56
68, 378 a	53, 24; 56, 43	6, 1090 c.d	25, 28; 53, 30
68, 378 a.b	56, 41	6, 1090 d	33
71, 379 e	49, 5	7, 1091 a	33f.
75, 381 d.e	58, 54	7, 1091 b, p. 135, 24	34, 63
77, 382 c	75, 43	7, 1091 b, p. 135, 26	34, 64
78, 382 f	62, 85; 57, 46	7, 1091 b.c	35
78, 382 f. 383 a	74, 42	7, 1091 c	36
de lat. viv.		8, 1091 d, p. 136, 24	36, 72
7, 1130 e	70, 19	8, 1091 e, p. 137, 6	36, 75
7, 1130 c–e	52, 21; 68, 8	8, 1092 a, p. 137, 17f.	37, 77
7, 1130 d	68, 8	8, 1092 a, p. 137, 19–22	37, 80
7, 1130 e	70, 19	8, 1092 b.c	37
max. c. princ. etc.		8, 1091 e – 1092 d	48, 2a
3, 778 c	2, 6	8, 1091 f	36
de mul. virt.		8, 1091 f – 1092 d	16, 59
2, 244 d	44, 38	9, 1092 d	16, 60
259 a – 260 d	44, 35	9, 1092 d, p. 138, 23f.	40, 1
non posse		9, 1092 d, p. 138, 26	40, 2
2, 1086 e	6, 8	9, 1092 d, p. 138, 27f.	40, 3
2, 1086 e.f	8, 22	9, 1092 d.e, p. 139, 1–9	40, 6
2, 1086 e.f, p. 125, 14–17	10, 30	9, 1092 e	15, 55
2, 1086 f	7, 14	9, 1092 e, p. 139, 12	42, 23
2, 1087 a, p. 125, 25	10, 31	9, 1092 f, p. 139, 13	42, 23
2, 1087 c	9, 27; 10, 31; 12, 39	10, 1093 a, p. 139, 20–26	43, 25
3, 1087 d	11, 33; 15, 55	10, 1093 a.b, p. 139, 26ff.	43, 33
3, 1087 e, p. 127, 13	21, 10	11, 1093 c, p. 140, 21	44, 36
3, 1087 e, p. 127, 18 f.	22, 14	11, 1093 c – 12, 1096 c	44, 36
3, 1087 f – 1088 a	2, 6	11, 1094 a, p. 142, 8	41, 7
3, 1087 f, p. 127, 23 f.	23, 17	12, 1094 d – 1095 b	44, 40
3, 1088 a, p. 128, 5	23, 18; 24, 20	13, 1095 b – 1096 c	45, 41
3, 1088 b–d, p. 129, 1–19	25, 25	13, 1095 c.d	25, 28
3, 1088 b, p. 129, 3	25, 26	14	14, 48
3, 1088 c.d	27, 36; 42, 24	14, 1096 c	29, 44
3, 1088 c.d, p. 129, 10–19	26, 31	14, 1096 c–f	45, 42
3, 1088 c.d, p. 129, 17–19	26, 32	14, 1096 c–e	41, 18
3, 1088 d	28, 39; 28, 40	14, 1096 d–f	14, 47
4, 1088 d	8, 16; 8, 17	14, 1096 e–f	14, 48
4, 1088 d.e	13, 43	15, 1096 f	9, 28; 14, 46; 14, 49
4, 1088 e	12, 42; 13, 45	15, 1097 a	14, 46
4, 1088 e – 1089 d	47, 56	15, 1097 a.b	25, 28
4, 1089 a	76, 49	15, 1097 a–d	46, 48
4, 1089 c	30	16, 1097 a, p. 150, 14–20	46, 50
4, 1089 c.d	40, 4	16, 1097 d – 1098 d	46, 50
4, 1089 d	27, 35	16, 1098 c.d	20, 1
4, 1089 d, p. 132, 8	31, 47	18, 1099 d	76, 49
4, 1089 d – 6, 1091 a	27, 37	18, 1099 d.e	25, 28
5, 1089 d, p. 132, 14	31, 49	18, 1099 e	9, 24
5, 1089 e, p. 132, 17–19.	31, 51	18, 1100 a	46, 55
5, 1089 f	32, 53	19	66, 109
5, 1090 a, p. 133, 8 f.	32, 54	19, 1100 c.d	15, 57
6, 1090 c, p. 134, 6	32, 58	20	65; 66, 108

90

20, 1100 e	8, 16; 15, 51; 15, 58	II 2, 635 a	26, 33
20, 1100 e ff.	9, 25	II 3, 635 e	2, 4
20, 1101 a.b	25, 28	III 5, 652 a	2, 5
20, 1101 b	49	IV 2, 666 a.b	20, 3
21, 1101 c	49, 3; 65, 105	IV 3	8, 23
21, 1101 c, p. 158, 25	52, 19	IV 5, 671 b.c	61, 76
21, 1101 c.d	67, 1	V 1, 672 d–f	2, 5; 40, 6
21, 1101 d	51, 18; 53, 31	V 1, 673 c	2, 4
21, 1101 d, p. 159, 6	52, 19	V 2, 675 a	7, 14
21, 1101 d, p. 159, 10	55, 38	VII 8, 712 a	7, 14
21, 1101 e	56, 40	VIII 1, 718 a	61, 70
21, 1101 e, p. 159, 20	56, 44	VIII 2, 720 b	75, 44
21, 1102 a	58, 50	VIII 3, 720 – 721 d	2, 5
22	65	VIII 6	8, 23
22, 1102 d	51, 17; 52, 19	VIII 8	8, 23
22, 1102 e, p. 161, 22f.	60, 62	VIII 8, 728 f	8, 23
22, 1102 e fin.	63	IX 1.2	12, 39
23, 1103 c, p. 163, 12	64, 102	quaest. Plat.	
23, 1103 d, p. 163, 22–164, 4	66, 107	II 1, 1000 e	61, 70
23, 1103 e, p. 164, 6ff.	65, 103	quaest. Rom.	
24, 1103f	8, 16; 9, 28	77, 282 b.c	61, 74
24, 1104 a	4, 11; 7, 12; 8, 22; 9, 24	de san. tuen.	8; 17, 66
24, 1104 a fin.	4, 11	9, 127 b	44, 38
25, 1104 a	17, 63; 52, 19	an seni resp. ger. sit.	
25, 1104 a.b	50, 7; 67, 1	5, 786 a – 6, 786 e	44, 38
26, 1104 b	43, 29	5, 786 c	23, 18
26, 1104 b.c, p. 165, 18–22	71, 20	sept. sap. conv.	5, 1
26, 1104 c	43, 27; 67, 1	de sera num. vind.	
27, 1104 e, p. 166, 25	72, 25	1, 548 a.b	7, 15
27, 1105 a	43, 29	2, 548 e	74, 35
27, 1105 a.b	67, 4	4, 549 c	61 f., 67
28, 1105 c	69, 14	9, 554 b.c	53, 30
28, 1106 a	56, 40	10, 554 e	53, 30
28, 1106 a, p. 169, 16	75, 47	11, 556 a	53, 30
29, 1106 b	76, 52	11, 556 b	53, 28
29, 1106 c, p. 170, 9	76, 53	17, 560 a – 18, 560 f	66, 110
29, 1106 d, p. 170, 26ff.	77, 57	17, 560 b	81, 2
29, 1106 e	2, 6	18, 560 f. 561 a	69, 12
30, 1106 e	80, 68	18, 561 a	68, 11
30, 1107 a, p. 171, 18f.	78, 57	18, 561 b	69, 16
30, 1107 a	80, 68	20, 562 d	53, 29
31, 1107 c	41, 9	22, 563 b–e	68, 10
ad princ. inerud.		23, 563 e – 26, 565 e	70, 19
5, 781 e.f	62, 85	23, 564 a	74, 40
de Pyth. or.		23, 564 b	52, 21
10, 388 e – 399 a	64, 100	25, 564 e.f	52, 21
17, 402 c	15, 53	25, 564 f	69, 15; 70, 19
18, 402 e	49, 3	25, 565 d	41, 9
quaest. conv.	3, 10; 5, 1	26, 565 d	70, 19
I 4	8, 23	30, 566 e – 567 d	68, 9; 70, 19
I 4, 620 a	8, 23	32, 567 f	70, 19
I 9	8, 23	de soll. an.	
I 9, 626 e	8, 23	5, 988 e.f	14, 49

19, 973 b		35, 71	
de Stoic. rep.			
6, 1034 c		59, 56	
34, 1050 b.c		2, 7	
38, 1051 e – 1052 b		61, 74	
40, 1052 e		61, 74	
de sup.		3, 10	
1		49, 6	
1, 164 d		49, 5	
2, 165 b		3, 10	
3, 165 d – 4, 167 a		51, 15	
3, 166 a		51, 16	
4, 166 f – 167 a		67, 6	
6, 167 d	3, 10; 51, 17; 53, 27;	58, 54	
7		49, 6	
7, 167 f – 9, 169 e		77, 54	
7, 168 d		49, 6	
8		49, 6	
8, 169 b.c		63, 93	
9, 169 d		55	
9, 169 d.e		58, 55	
10, 169 f		3, 10	
10, 170 a		3, 10	
10, 170 a–c		62, 82	
11, 170 f		3, 10	
de tranqu. an.			
16, 474 c		2, 6	
17, 476 a		65, 103	
18, 476 b		74, 41	
18, 476 c		2, 6	
20, 477 d		58	
de virt. mor.			
1, 440 d		41, 12	
3, 442 a		41, 16	
3, 442 a.b		41, 8	
11, 450 e – 451 b		41, 18	
de virt. et vir.			
2, 100 f		53, 31	
vitae			
Alex.			
22		44, 38	
75, 2		50, 11	
Br.			
37		3, 10	
Cam.			
6, 6		50, 11	
Caes.			
66		3, 10	
Cor.			
4		44, 38	
Dtr.			
34		3, 10	
Eum.			

13, 4	53, 31
Luc.	
11, 1	11, 33
44	3, 10
Marc.	
14–17. 30	44, 38
Num.	
4	64, 98
4, 4	63, 89
4, 5	63, 89
4, 7. 8	63, 89
4, 12	53, 31
8	55
8, 4	51, 18; 53, 31
Paul.	
19, 6	63, 93
Pelop.	
16, 8	61, 74
28, 35	44, 35
Per.	
39	61, 73
Pyrrh.	
Poetae Melici Graeci	
frg. 871 (Page)	57, 48
Polybios	54, 34
IV 56, 612	54, 32
XVI 12, 9–11	54, 32
Polystratos	
frg. 5 b	38, 81
Porphyrios vgl. Plutarch frg. 200, 201	
Poseidonios	59, 56
Quintilianus	
inst. or. VI 3, 96–98	12, 38
Seneca	
dial.	
IX 7	57, 49
ep.	
78, 8 f.	22, 11
92, 6	35, 68
104,11	81, 1
108, 19	81, 1
Sextus Empiricus	
adv. math. 9, 58, 64	59, 56
Sophocles	64, 98
Stobaios vgl. Plutarch, fragm. 177, 200, 201	
Stoicorum veterum fragmenta	
II 1184	60, 66
III 158	22, 13
Strabo	
I 2, 8	54, 32
Suidas (Lampriaskatalog)	
67	75, 45
68	75, 45

80	2, 2	dial.	
117	16, 62	14, 1	7, 12
129	2, 2	Novum Testamentum	
133	2, 2	Apok. 2, 10	73, 34
143	2, 2	Jak. 1, 12	73, 34
148	2, 2	1 Kor. 9, 24 f.	73, 34
159	2, 2; 11, 32	2 Tim. 4, 8	73, 34
226	16, 62	Thucydides	
Themistios	vgl. Plutarch, frg. 177	II 38	57, 49
Theophrastus	51, 12	Xenophon	
charact. 16	51, 13	conv. 4, 48	64, 99
Tacitus		mem. I 4	54, 34
		Varro	54, 32

2. Wörter und Sachen

ἀγαθόν 11, 33; 25; 35
ἄθεος 3, 10; 58, 55; 77, 56
ἀθεότης 3, 10; 15; 47; 48ff.
Akademie, skeptische 22, 12; 25; 25, 28; 36, 73; 38f.; 59, 56; 60; 66, 107; 73
allegorische Mythenerklärung 50, 7; 62
Antiochos von Askalon 39; 79
Apoll 61; 66
Aponie 31; 33; 37
ἀποφυγὴ κακῶν 34f. u. 34, 63
Aristodem 8ff.; 15, 54; 17; 48
Ataraxie 37ff.; 38, 81
Bilderverehrung 58, 54
Christentum 49, 3; 63, 89; 78
Chrysipp 22
Daimonion 64
Dämonologie 50, 7; 51, 17; 53, 29; 57, 47; 62
δεισιδαιμονία 49, 5 u. 6; 51; 53; 58, 55; 67f.; 77, 56
Dialog christlicher – 19, 70; diegematischer – 5, 1; dramatischer – 5, 1 u. 2
Dike 68, 9; 70, 19
δόξα 49, 3
Drei-Prinzipien-Lehre 75, 44
Dreiteilung der Gläubigen 52, 21; 67; 70, 19; 78
Dreiteilung der Theologie 52
Empfindungslosigkeit 65f.; 71
Epikureer, Epikureismus 2; 3, 10; 20, 2; 22; 25; 28f.; 49, 7; 59, 56
Epiphanie 57, 48; 64
Erinys 68, 9; 70, 19
εὐστάθεια 31ff.; 34
Festfreude 57f.
Freude 17ff.; 37; 71; – am Erkennen 13f.; 43ff. u. 43, 33; religiöse – 48; 53; seelische –

13f.; 15; 31, 51; 46
Frömmigkeit (εὐσέβεια) 49, 6; 50; 59; 65
Furcht 17; – vor den Göttern 16; 34ff.; 49; 51f.; – vor dem Hades 16; 36f.; 50, 7; 71f.; 79, 65; – vor Schmerzen 32; – vor dem Tod 34; 37; 71; 73; 78f.
Gebet 63, 93
Gesprächsführung 12 u. 12, 41
Gestirne, Gestirngötter 61, 74; 62, 81
Gott Anwesenheit des – 55f.; 58; höchster – 61f. u. 61, 72; Götter, olympische 62, 81
Götterbilder 58, 54
Götterglaube (δόξα, πίστις) 9; 17; 37; 49, 3; 50, 8; 52; 54, 34; 65ff.; 71, 20; 75
Götterkult 56
Göttervorstellung 17; 62f. u. 62, 85
Gottesbegriff, platonischer 62 u. 62, 80
Gottesfreundschaft 63f.
Gottesnähe 58
γραμματικός 7, 14
Gut, höchstes 20; 22; 26; 28ff.; 33f. u. 34, 63; 38; 42; 78f.
Hades 67; 70, 18; 77f.
Herakleides 6, 8; 7, 14; 8, 22; 9f.; 10, 29
Idee des Guten 62; 75, 44
Jenseits – glaube 16, 62; 72; – hoffnung 65; 67; 77f.; – lehre 50, 7; – erwartung 17, 64; 66; 71; 76; – vorstellung 37; 69, 16
Karneades 30; 39; 40
κόσμος νοητός 74
Kotys 10, 29
Krankheit 32; 64
Kult 54, 32; 56, 44; – ausübung 55; 58; – religion 56, 43; römischer – 54, 32
Kyniker 3, 10; 38, 81
Kyrenaiker 30

93

Lamprias (Bruder Plut.) 5, 1
Lucius 17, 66
Lust (ἡδονή) 20f.; 23, 18; 25; 41; Ausdehnung der – 23; 26, 31; Dauer der – 25; gegenwärtige – 29; höchste – 22; 27; Intensität der – 26, 31; katastematische – 21; 23; 25; 30; kinetische – 21ff.; 30; 38; körperliche – 13; 15; 20f.; 24ff.; 29ff.; 36ff.; 40; 42; 44 – οἰκεῖον πάθος 36, 73; seelische – 28; 30; 36; vergangene – 29f.; 47; 76
Lustlehre, epikureische 39; 42
Lykurg 64, 98
Mantik 15; 47
Mond 69, 16; 73, 34; – mythos 69; 74, 37
Monotheismus 62, 78
Mythos 15, 54; 17, 64; 50, 7; 52, 21; 62; 63, 89; 68ff.; 75, 46; eschatologischer – 69, 16; platonischer – 52, 21
Nausiphanes 10, 29
Nichtsein 65, 103; 71ff.; 77ff.
Ödipus 43
Orakel 15; 47
Originalität Plutarchs 48, 1
Osiris 75, 43u. 44
Personenkennzeichnung durch Plutarch 7, 13
Philoktet 23, 18
Philanthropie Plutarchs 56, 39
πίστις 49, 3
Polemik Plutarchs 5f.; 50, 8; 81, 2
Poine 68, 9
πόροι 20
Prodikos 40, 6
Pronoia 15; 37; 47; 60f.; 81, 2
Rahmengespräch 5, 1u. 2; 17, 66
Religion 53; römische – 54, 36; s.a. Volksreligion
Schmerz (ἀλγηδών) 20f.; 36, 73; Ausbreitung des – 22ff.; Dauer des – 22, 12; 23, 18; 24f.; 66; Intensität des – 24; übermäßiger – 65
Schmerzlosigkeit 22; 27f.; 38
Seele Auflösung der – 16; platonische Dreiteilung der – 41; Unsterblichkeit der – 64, 101; 66; 81; unvernünftige – 74; Zweiteilung der – 40f.; 41, 17; Seelenwanderung 81
Selbstmord 65, 103
Sich-setzen (Motiv des –) 15; 15, 53
Sisyphos 68
Sklaven 55f.
Sokrates 64
Sonne 69, 16; 74
Stoa (Stoiker) 53; 59, 56; 61, 74; 62; 63; 81, 1
Strafe 67ff.; mythische 68; 72f.
Theophanie-Fest 57, 48
Thespesios 68, 9; 70, 19
Theon 8, 22u. 23; 11; 14, 48; 15f.; 18; 28; – der Ägypter 9, 24; – der Phoker 9, 24; 9; – der Stoiker 8, 23
Timarch-Mythos 70, 18
Tityos 68
Tier und Mensch 35, 68u. 69; 37f.; 38, 81; 45
Tod 43; 77, 57; zweiter – 74
Trostschriften 79f.
Unsterblichkeit 37; 81, 2
Volksreligion 52; 54; 55, 38; 56, 43; 58; 60; 62f.; 68
Vorsehung s. Pronoia
Vorzeichen 51
Weltenbrand 80, 1
Weltentstehung 74
Wiedergeburt 69, 18; 70, 19
Zeuxipp 7; 8, 17u. 22; 9f.; 15f.; 17, 66; 18
Zeus 61

STUDIEN ZUR ANTIKEN PHILOSOPHIE

Band 1: GUNDERT, Hermann
DIALOG UND DIALEKTIK. Zur Struktur des platonischen Dialogs.
Amsterdam 1971. VIII-166 Seiten
ISBN 90 6032 472 2   LC 79-159395

Band 2: DÖRING, Klaus
DIE MEGARIKER. Kommentierte Sammlung der Testimonien.
Amsterdam 1972. XII - 185 Seiten
ISBN 90 6032 003 4   LC 78-171728

Band 3: BODER, Werner
DIE SOKRATISCHE IRONIE IN DEN PLATONISCHEN FRÜHDIALOGEN.
Amsterdam 1973. VIII - 173 Seiten
ISBN 90 6032 014 X   LC 72-96777

Band 4: ADAM, Hella
PLUTARCHS SCHRIFT NON POSSE SUAVITER VIVI SECUNDUM EPICURUM. Eine Interpretation
Amsterdam 1974. VI 95 - Seiten
ISBN 90 6032 015 8   LC 72-96778

Die Reihe wird fortgesetzt.
Alle Bände sind einzeln lieferbar, jedoch nimmt der Verlag auch Fortsetzungs-Bestellungen entgegen.
Ausführlicher Prospekt mit Preisangabe wird auf Verlangen zugeschickt.

Verlag B. R. Grüner B. V.
P.O.B. 70020
Amsterdam - Holland